essentials

essentials liefern aktuelles Wissen in konzentrierter Form. Die Essenz dessen, worauf es als „State-of-the-Art" in der gegenwärtigen Fachdiskussion oder in der Praxis ankommt. *essentials* informieren schnell, unkompliziert und verständlich

- als Einführung in ein aktuelles Thema aus Ihrem Fachgebiet
- als Einstieg in ein für Sie noch unbekanntes Themenfeld
- als Einblick, um zum Thema mitreden zu können

Die Bücher in elektronischer und gedruckter Form bringen das Expertenwissen von Springer-Fachautoren kompakt zur Darstellung. Sie sind besonders für die Nutzung als eBook auf Tablet-PCs, eBook-Readern und Smartphones geeignet. *essentials:* Wissensbausteine aus den Wirtschafts-, Sozial- und Geisteswissenschaften, aus Technik und Naturwissenschaften sowie aus Medizin, Psychologie und Gesundheitsberufen. Von renommierten Autoren aller Springer-Verlagsmarken.

Weitere Bände in dieser Reihe http://www.springer.com/series/13088

Florian C. Kleemann

Logistik in der Antarktis

Supply Chain Management für das Ende der Welt

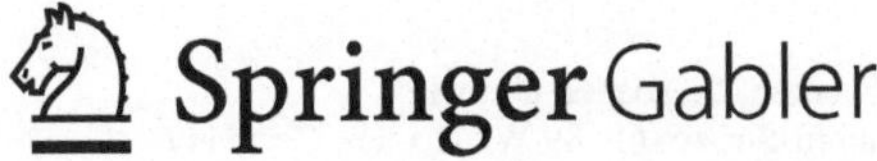

Springer Gabler

Florian C. Kleemann
Stuttgart, Deutschland

ISSN 2197-6708 ISSN 2197-6716 (electronic)
essentials
ISBN 978-3-658-16069-2 ISBN 978-3-658-16070-8 (eBook)
DOI 10.1007/978-3-658-16070-8

Die Deutsche Nationalbibliothek verzeichnet diese Publikation in der Deutschen National-
bibliografie; detaillierte bibliografische Daten sind im Internet über http://dnb.d-nb.de abrufbar.

Springer Gabler

Gedruckt auf säurefreiem und chlorfrei gebleichtem Papier

Springer Gabler ist Teil von Springer Nature
Die eingetragene Gesellschaft ist Springer Fachmedien Wiesbaden GmbH
Die Anschrift der Gesellschaft ist: Abraham-Lincoln-Str. 46, 65189 Wiesbaden, Germany

Was Sie in diesem *essential* finden können

- Ein anhand gängiger Kriterien strukturiertes Profil für eine bisher kaum untersuchte Logistikregion.
- Einen Vergleich von Arktis und Antarktis auf Basis eines praxisiorientierten Analysrahmens für Logistikmärkte.
- Einzigartige Einblicke in die extremen logistischen Anforderungen für die Versorgung der Antarktis.
- Auf tatsächlichen Beispielen basierende, vor Ort erhobene Perspektiven für wirtschaftliche Aktivitäten in der Antarktis.
- Eine Analyse und Ableitung praktischer Handlungsempfehlungen für Supply Chain Manager auch in „etablierten" Weltregionen.

Vorwort

Logistik extrem – was als Schlagwort in einer Mindmap zu Beginn der Forscherkarriere stand, wurde Jahre später Wirklichkeit: eine Expeditionsreise in die Antarktis, um die Spezifika der dortigen Logistik zu untersuchen. Wahrhaft extrem sind sie auch die Umstände, die Logistiker (und Expeditionsreisende …) rund um den 7. Kontinent vorfinden: Isolation, Wind und extreme Kälte, um nur die Naheliegendsten zu nennen. Doch anzunehmen, die Herausforderungen für die antarktische Logistik seien letzten Endes nicht denen ähnlich, die man sonst in den internationalen Logistik vorfindet, der irrt. Transportwege organisieren, effiziente Lagerung und trotzdem sichere Versorgung – all' das kennen Supply Chain Manager auch in vertrauteren Gefilden. Umso wichtiger scheint es, ab und an den Blickwinkel zu verändern, um für alltägliche logistische Probleme vielleicht neue Lösungen zu finden. Doch auch generell zur Vervollständigung der globalen Logistik-Landkarte soll dieses *essential* dienen.

Bei der Realisierung dieses Vorhabens haben mich eine Reihe von Menschen unterstützt, ihnen gilt mein herzlicher Dank. Zu nennen ist hier zunächst Frau Univ.-Prof. Dr. Ingrid Göpfert für die Unterstützung im Vorfeld dieser Publikation. Ein besonderes Dankeschön richte ich zudem an die Teilnehmer der Expertenbefragung vom Alfred Wegener Institut für Polarforschung, vor allem Herrn Dr. Eberhard Kohlberg, sowie von Quark Expeditions für ihren Beitrag im Rahmen der Datenerhebung sowie Herrn Karl Kleemann für die Übernahme des Lektorats und die stets interessierte Begleitung des Vorhabens. Auch das Interesse meiner Studenten am Forschungsprojekt „Antarctic Logistics" – insbesondere des Kurses „WLOG14G1" – möchte ich dankbar hervorheben. Zuletzt gilt mein tief empfundener Dank meiner lieben Sarah, die es zulässt, meine forscherische Neugier buchstäblich „bis ans Ende der Welt" auszuleben.

München, Stuttgart, Deutschland
im September 2016

Florian C. Kleemann

Inhaltsverzeichnis

Logistik in der Antarktis

1

1.1 Antarktis – Logistik extrem

„Logistics in Antarctica is a nightmare" – mit dieser Aussage aus einem Expertengespräch beginnt die Datenerhebung für die logistische Weltregion Antarktis. Eine Fläche größer als Europa, kaum Besiedelung, extreme Wetterbedingungen und eine isolierte Lage weit entfernt von den globalen Versorgungsrouten sind in der Tat komplexe Rahmenbedingungen.

Doch nicht nur der steigende Tourismus in der Region, sondern auch die Beiträge der vor Ort befindlichen Forschungsstationen zur Untersuchung globaler Phänomene wie dem Klimawandel unterstreichen die Bedeutung des Kontinents und machen die Region zu einem relevanten Analyseobjekt aus logistischer Sicht. Dabei zeigen die exemplarisch dargestellten Herausforderungen nur eine Auswahl der Einflüsse, die bei der (logistischen) Versorgung der in der Region aktiven Organisationen zu berücksichtigen sind. Ein weiterer Einfluss ist der spezifische rechtliche Status der Region: Denn obwohl historisch bedingt zahlreiche Länder Ansprüche auf Teile der Antarktis erheben, so haben sie diese doch zurückgestellt und sich im „International Antarctic Treaty" zur nicht-kommerziellen, kooperativen und friedlichen Nutzung sowie gemeinschaftlicher Verwaltung verpflichtet. Das heißt im Umkehrschluss: Der gesamte Kontinent ist „staatenlos". Während die genauen Auswirkungen hiervon in Abschnitt 1.4 erläutert werden, stellt sich daraus für die Analyse der Logistik zunächst konkret das Problem fehlender statistischer Daten. Auch sonst hat sich die Wissenschaft bisher kaum mit „Antarktischer Logistik" befasst.[1]

---

[1] Die Recherchen für diesen Beitrag identifizierten einen wissenschaftlichen Artikel zum Thema, Fowler (1988), sowie ein Handbuch, National Research Council (1962).

© Springer Fachmedien Wiesbaden GmbH 2017
F.C. Kleemann, *Logistik in der Antarktis*, essentials,
DOI 10.1007/978-3-658-16070-8_1

Die folgenden Ausführungen nutzen daher, soweit vorhanden, auch allgemeine Literatur und ergänzen Erkenntnisse aus einer fallstudienbasierten Untersuchung der *Spezifika antarktischer Logistik.* Genau dieser Frage widmet sich dieses *essential,* das sowohl Rahmenbedingungen als auch prozessuale sowie ressourcenbezogene Besonderheiten logistischer Aktivitäten in der Antarktis darstellt und analysiert.

1.2   Der antarktische Kontinent

Obschon es keine einheitliche Zählweise weltweit gibt, so wird die Antarktis wenn überhaupt als der „Siebte Kontinent" bezeichnet. Betrachtet man jedoch die gängigen, wenn auch nicht einheitlich definierten, Merkmale eines Kontinents, so dürfte der Status für die Antarktis kaum umstritten sein: eine klar abgrenzbare, geschlossene Landmasse, samt vorgelagerter Inseln, verbunden durch eine tektonische Platte (vgl. Hamill 2012, S. 282 f. sowie Encyclopaedia Britannica 2014).

Noch klarer wird dies in Anbetracht der Fläche von rund 14 Mio. km^2, wobei die Fläche durch einen im Winter entstehenden, festen Eisgürtel von bis zu 1000 km Dicke in dieser Jahreszeit deutlich zunimmt (vgl. Walther 2010, S. 20, ebenso Riffenburgh 2007, S. 853). Damit ist der Kontinent der fünftgrößte, z. B. 1,3-mal so groß wie Europa (vgl. Kumar Purohit 2006, S. 15). Strukturell werden dabei alle Landmassen südlich des 60. südlichen Breitengrades gezählt; das Gebiet darin wird typischerweise in Ost- und Westantarktis samt der zugehörigen Halbinsel sowie den Südlichen Shetland Inseln eingeteilt (vgl. Fahrbach 2013, wiederum Kumar Purohit 2006, S. 14).

Die Lage ist einsam und gleichzeitig zentral: So wird die Landmasse im Nordosten vom Südatlantik, im Westen vom Südpazifik und im Süden vom Indischen Ozean vollständig umschlossen (vgl. Abb. 1.1). Die Länge der Küstenlinie beläuft sich (wiederum schwankend) auf etwa 18.000 km (vgl. Central Intelligence Agency 2016). Gleichzeitig sind aber die nächsten bevölkerten Regionen weit entfernt: etwa 1000 km zum Südende Lateinamerikas, über 2000 km nach Neuseeland oder fast 4000 km nach Südafrika (vgl. Walther 2010, S. 21, auch Hansom und Gordon 2014, S. 254).

Die Antarktis wird außerdem vollkommen zu Recht als „weißer Kontinent" bezeichnet: Rund 99 % der Fläche sind vom – teilweise mehrere Kilometer dicken – Eis bedeckt (vgl. u. a. Sinclair 2015, S. 67). Dies liegt an den extremen klimatischen Bedingungen: So wurde die niedrigste jemals auf der Erde gemessene Temperatur mit −89,3 °C in der Nähe des Südpols gemessen (vgl. z. B. Walther 2010). Je nach Entfernung zur Küste ergeben sich zwar starke Schwankungen, doch die mittlere

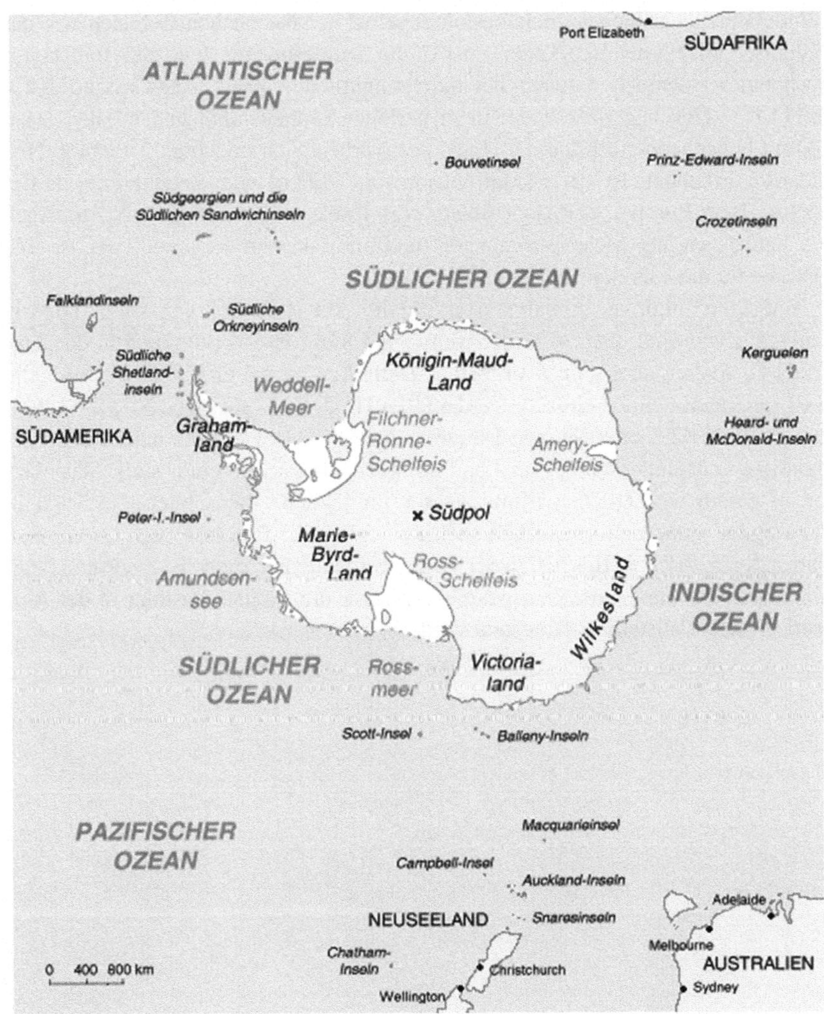

Abb. 1.1 Der antarktische Kontinent. (Quelle: Central Intelligence Agency 2016, übersetzt durch o. V. 2005, online)

Temperatur überschreitet im Jahresmittel selbst in küstennahen Gebieten wie der Halbinsel im Nordwesten kaum −10°C. Im Landesinneren liegt die Temperatur noch einmal deutlich darunter bei durchschnittlich −30°C (vgl. Cassano 2013, S. 111 ff.).[2] Dies liegt unter anderem am geringen Sonneneinfall an den Polen. Dazu kommt höhenbedingte Kälte: Die Landmasse erhebt sich im Mittel 2300 m ü. NN. (höchste Erhebung ist der Mount Vinson mit 4897 m und damit höher als der höchste Berg Europas, der Mont Blanc) (vgl. Cook und Storey 2015, S. 16). Auch das Fehlen warmer Meeresströmungen rund um das zentrale Landmassiv ist eine Ursache für die kontinentale Kälte.

Entgegen intuitiver Annahmen erlebt die Antarktis dagegen kaum Niederschläge. Zwar sind über 80 % der weltweiten Süßwasservorkommen in der Antarktis zu finden, aber gemäß offizieller Definition ist sie eine Wüste: Die Kälte lässt fallenden Schnee einfach „verdampfen" (vgl. u. a. Sharma 2001, S. 8; Walther 2010, S. 42 f. oder Masson-Delmotte 2013, S. 77). Dennoch machen heftige, ständig wechselnde Winde, im Landesinneren bis zu 300 km/h stark, das Wetter zu einem wesentlichen Einflussfaktor für jegliche menschliche Aktivität in der Region – und damit natürlich auch für logistische Prozesse (vgl. Owens und Zawar-Reza 2015, S. 104 ff.). In der Folge werden daher zunächst die Rahmenbedingungen für die Logistik ausgearbeitet, bevor die Logistikleistung in der Antarktis mittels Fallstudien dargestellt wird.

---

[2]Im kontinentalen Jahresmittel ergibt sich so eine Durchschnittstemperatur von −30°Celsius, vgl. Buleen (o. J.).

Rahmenbedingungen für die antarktische Logistik 2

Entgegen umfassend erschlossener und bevölkerter Regionen prägt die Antarktis, wie bereits skizziert, eine Reihe von exogenen Besonderheiten. Diese werden nachfolgend charakterisiert.

2.1 Politische und rechtliche Rahmenbedingungen

Wie eingangs schon erläutert, unterliegt die Antarktis buchstäblich einmaligen politisch-rechtlichen Vorgaben: Ein von mittlerweile 53 Staaten unterzeichneter supranational gültiger Vertrag, der Antarctic Treaty, setzt den gemeinsamen Rahmen.

Dabei war eine solch einvernehmliche Lösung anfangs gar nicht abzusehen: 1908 erhob mit dem Vereinigten Königreichen erstmals ein Staat Anspruch auf Teile der Antarktis, sechs weitere folgten bis 1943 (Frankreich, Neuseeland, Australien, Norwegen, Chile und Argentinien) (vgl. z. B. Gilbert 2015, S. 328). Diese „Claims" waren dabei keineswegs überschneidungsfrei. Dazu behielten sich auch die USA und die Sowjetunion das Recht vor, Ansprüche anzumelden, ohne dies jedoch zu tun. Doch im aufkeimenden Kalten Krieg in den 1950er Jahren wurde zunehmend das Risiko einer einseitigen militärischen Nutzung gesehen. Umso überraschend scheint es in der Rückschau, dass es ausgerechnet die Großmächte dieses Konflikts waren, die eine kooperative, wissenschaftliche und friedliche Nutzung des Kontinents durchzusetzen vermochten. Unter deren Führung wurde 1959 der erste internationale Antarktisvertrag geschlossen (vgl. Walton 2013, S. 23, ebenso Gilbert 2015, S. 328). Dieser besagt unter anderem (vgl. Secretariat of the Antarctic Treaty (Hrsg.) 2016):

© Springer Fachmedien Wiesbaden GmbH 2017
F.C. Kleemann, *Logistik in der Antarktis,* essentials,
DOI 10.1007/978-3-658-16070-8_2

- Gemeinschaftliche Nutzung des Kontinents zum Wohle der Wissenschaft
- Keine kommerzielle oder militärische Nutzung
- Zurückstellung (aber nicht Aufgabe) aller nationalen Gebietsansprüche
- Gemeinschaftliche Verwaltung und Rechtsetzung
- Bewahrung des natürlichen Kontinents

Daraus ergibt sich konkret, dass z. B. die durchaus angenommenen Rohstoffvorkommen nicht auszubeuten sind. Die Verpflichtung zur Bewahrung des Kontinents impliziert unter anderem, dass biologische Risiken durch Einfuhr von Menschen, Tieren und Materialien aller Art streng zu kontrollieren und nach Ende des Gebrauchs aus dem Kontinentalgebiet zurückzuführen sind. Für die Logistik ergeben sich so schwierige Herausforderungen für den Nachschub (mangels kommerziell betriebener Lagerstätten und Infrastruktureinrichtungen) ebenso wie für die Entsorgung. Wesentlichste Auswirkung im rechtlichen Kontext ist allerdings, dass mit dieser Vertragsprägung der Zustand einer „staatenfreien Zone" vereinbart wurde. Durch die Verpflichtung zur gemeinschaftlichen Verwaltung ergab sich zudem, dass die Rechtsnormen für die Antarktis gemeinschaftlich entwickelt werden.

Der gemeinsame Rechtsrahmen beschränkt sich dabei auf Fragen, die unmittelbar die Nutzung des Kontinents betreffen, zumeist Umweltfragen. Diese werden bei jährlichen Tagungen (Antarctic Treaty Consultative Meetings, ATCM) regelmäßig überprüft und ggf. überarbeitet bzw. ergänzt. Beteiligt werden dabei alle Signatarstaaten des „Treaty", auch solche, die über die Jahrzehnte seit dessen Inkrafttreten hinzugekommen sind.[1] Deutschland zum Beispiel wurde 1979 Vollmitglied. Entgegen der Befürchtungen, dass bei Auslaufen des ursprünglichen Antarktisvertrages die Begehrlichkeiten nach einer wirtschaftlichen Nutzung neuen Auftrieb bekämen, wurde der Vertrag 1991 um weitere 50 Jahre verlängert. Es wurden sogar weitere Verschärfungen der Umweltvorgaben beschlossen sowie verstärkte Konsultationen mit weiteren Interessensgruppen (vgl. Walther 2010, auch Gilbert 2015, S. 357 oder Liggett 2015, S. 379 ff.). Ein Beispiel hierfür ist die Vereinigung der Tourismusanbieter in der Antarktis (International Association of Antarctic Tour Operators, IAATO).

Generell ist eine kollaborative Verwaltung der Antarktis unerlässlich, da es aufgrund der „Staatenlosigkeit" an zentralen, auch exekutiv wirkenden Institutionen mangelt. Erst 2003 bekam das Sekretariat des Antarktisvertrages eine eigene

---

[1]Zu den ATCM vgl. Verbitsky (2012, S. 227), zu den Vertragsstaaten vgl. Rubin (2008, S. 342). Siehe auch Tab. 2.1.

Repräsentanz; Sitz ist Buenos Aires (vgl. Secretariat of the Antarctic Treaty (Hrsg.) 2016). Seit 2009 wird das mit weniger als zehn Mitarbeitern ausgestattete Sekretariat Buenos Aires von einem Deutschen, Manfred Reinke, geleitet.

Das Fehlen von Exekutivorgaben wirft natürlich die Frage auf, welche Rechtsnormen dann in der Antarktis überhaupt gelten und wie Verstöße dagegen geahndet werden. Hier tritt eine weitere Besonderheit zutage: Es gilt jeweils das Recht aus dem Heimatstaat des Betroffenen (vgl. Rothwell 2012, S. 137, nach Antarktisvertrag, Artikel VIII). So würden auch Verfehlungen deutscher Logistikdienstleister nach deutschen Gesetzen behandelt. Schwierig ist hier eher der Nachweis: Mangels Präsenz einer Kontrollinstanz (Polizei o. ä.) ist eine Strafverfolgung nur schwer vorstellbar. Umso erstaunlicher also, dass der Antarktisvertrag ein so umfassender Erfolg ist und – trotz großen Wachstums durch Neuaufnahme zahlreicher Staaten (siehe Tab. 2.1) – funktioniert. Vielmehr wird das Modell als so erfolgreich angesehen, dass Bestrebungen, den Vertrag der Verwaltung durch die Vereinten Nationen (UN) zu unterstellen, dauerhaft verworfen wurden (vgl. Gilbert 2015, S. 329).

Tab. 2.1 Konsultierende Signatarstaaten des Antarktisvertrages. (Quelle: Eigene Darstellung, in Anlehnung an Gilbert 2015, S. 333 f.)

Jahr	Staat(en)
1961	Argentinien, Australien, Belgien, Chile, Frankreich, Japan, Neuseeland, Norwegen, Polen, Russland, Südafrika, USA, Vereinigtes Königreich
1967	Holland
1975	Brasilien
1978	Bulgarien
1979	Deutschland
1980	Uruguay
1981	Italien, Peru
1982	Spanien
1983	China, Indien
1984	Finnland, Schweden
1986	Südkorea
1987	Ecuador
1992	Ukraine
1993	Tschechische Republik

Jedoch ergeben sich durch die Zunahme der Anspruchsgruppen – und damit stärkere Nutzung der Antarktis – auch Herausforderungen. So wurde z. B. die Verpflichtung von Signatarstaaten, ganzjährig eigene Forschungsstationen sowie Forschungsschiffe zu unterhalten, modifiziert, um die Umweltbelastung durch die menschliche Präsenz zu begrenzen (vgl. Gilbert 2015, S. 332). Damit einher geht der Status als Nicht-konsultativ-Staat im Rahmen des Vertrages, wonach keine Stationen o. ä. betrieben werden müssen, im Gegenzug aber im Rahmen der ATCM auch kein Stimmrecht besteht (siehe Tab. 2.2).

Tab. 2.2 Nicht-konsultierende Signatarstaaten des Antarktisvertrages. (Quelle: Eigene Darstellung, in Anlehnung an Gilbert 2015, S. 3)

Jahr	Staat(en)
1965	Dänemark
1971	Rumänien
1981	Papua-Neuguinea
1984	Kuba, Ungarn
1987	Griechenland, Nordkorea, Österreich
1988	Kanada
1989	Kolumbien
1990	Schweiz
1991	Guatemala
1993	Slowakei
1996	Türkei
1999	Venezuela
2001	Estland
2006	Weißrussland
2008	Monaco
2010	Portugal
2011	Malaysia
2012	Pakistan

2.2 Soziale und kulturelle Rahmenbedingungen

Für die Antarktis können sozio-kulturelle Fragen schwerlich nach für andere Regionen gängigen Kriterien beantwortet werden: Die extreme Lage und die daraus resultierenden Witterungsbedingungen lassen eine menschliche Besiedelung undenkbar erscheinen. Die Ursache ist aber wohl eher, dass zu der Zeit, als sich die antarktische Landmasse vom Urkontinent „Gondwana" gelöst hat, schlicht noch keine Menschen existierten. Durch den Kontinentaldrift geriet die Antarktis dann so „ans Ende der Welt", dass eine Besiedelung auch später nicht mehr vollzogen werden konnte (vgl. Storey und Cook 2015, S. 35 ff.). Dennoch zeugen Fossilienfunde davon, dass auch nicht-polare Lebensformen existierten – und sogar Urwälder existierten, die heute die These von reichen fossilen Erdvorkommen stützen.[2] Die Existenz eines antarktischen Kontinents blieb dennoch bis in die 1820er Jahr hinein nur eine menschliche Vorstellung bzw. Hypothese. Tatsächlich nahm man an, dass an einem nicht bekannten südlichen Pol eine Landmasse existieren müsse, die das Gegengewicht zur nördlichen Hemisphäre bilden müsste („Unbekanntes südliches Land" oder „Terra incognita australis") (vgl. Hansom und Gordon 2014, S. 175 ff.).

Im Übergang zum 19. Jahrhundert lockten dann aber doch reiche Wal- und Robbenfunde immer mehr Seefahrernationen in das Gebiet südlich des 60. Breitengrades. Wer die Antarktis dabei als erster in ihren Umfängen erfasste und somit als Kontinent erkannte, bleibt bis heute umstritten (vgl. Rack 2015, S. 307, im Überblick bei Rubin 2008, S. 31 ff.). Unstrittig ist jedoch, dass die erste Landnahme durch amerikanische Entdecker im Jahr 1821 erfolgte. Weitere Meilensteine der hiesigen menschlichen Entwicklung sind die erste Überwinterung 1899/1900, das Erreichen des Südpols 1911 sowie die erste Land-Durchquerung 1957. Der Aufbau von Wal- und Robbenfangstationen stellte die erste permanente Besiedelung dar, wenn auch unter einfachsten Lebensbedingungen. Vollständig kartografiert wurde der Kontinent jedoch erst im Rahmen von Überflügen in den 1930er Jahren (vgl. Rack 2015, S. 314 f.). Mit dem Abschluss des im Vorabschnitt beschriebenen Antarktisvertrages endete dann einerseits die kommerzielle Nutzung, andererseits begann mit den Forschungsbemühungen die auch noch heute dominierende Nutzungsform.

Insgesamt befinden sich heute als einzige Zeugnisse menschlicher „Besiedelung" ungefähr 80 Forschungsstationen im Gebiet des Kontinents. Davon wird

---

[2]Vgl. zunächst allgemein Liggett et al. (2015, S. 5), spezifisch dann Cook und Storey (2015, S. 477 ff.) sowie Scott (2015, S. 487 ff.).

etwa die Hälfte ganzjährig, der Rest nur im antarktischen Sommer betrieben.[3] Auch wenn mangels statistischer Erhebungen keine genauen Zahlen vorliegen, wird die „Bevölkerung" im Sommer auf durchschnittlich etwa 4000 Personen geschätzt. Diese Zahl sinkt im Winter auf rund 1000 Bewohner (vgl. Central Intelligence Agency 2016, ähnlich Tin et al. 2014, S. 6). Die Bevölkerungsdichte von 0,0003 Menschen/km^2 (oder umgekehrt 3500 km^2/Einwohner) zeigt somit überdeutlich, wie groß die Isolation tatsächlich ist. Dies liegt natürlich an den extremen Witterungsbedingungen, die auch für die Versorgung – und damit die Logistik – eine sehr große Herausforderung darstellen.

In Ermangelung von lokalen Vorkommen müssen alle benötigten Materialien, Baustoffe, Betriebsmittel und -stoffe aufwendig in die Region transportiert werden. Allein der Bau einer Forschungsstation ist ein jahre- bis jahrzehntelanger Prozess (vgl. Kohlberg und Janek 2007). Neben der wettersicheren Planung ist dabei auch das Heranschaffen der Baustoffe zu bewältigen. Ferner muss die Bereitstellung der zum Betrieb notwendigen Energiequellen, wie z. B. Treibstoff für die Stromgeneratoren und Heizung, berücksichtigt werden (vgl. Bodger und Cook 2015, S. 521 f., auch Fowler 1988, S. 84). Das gilt, trotz vereinzelter, wissenschaftlich motivierter, landwirtschaftlicher Versuche, natürlich auch für die Bereitstellung aller von den Stationsbewohnern benötigten Lebensmittel während der gesamten Aufenthaltsdauer. Dabei gilt vor allem für die extremen Wintermonate, dass die aus der Einsamkeit resultierende psychische Belastung abgefangen werden muss (vgl. Steel 2015, S. 363 ff., auch Rack 2015, S. 317 ff.). Nachlieferungen sind nicht möglich, gleichzeitig muss der Winterbesatzung durch großzügige Vorratshaltung ein erträglicher Rahmen geschaffen werden. Kritische Lagerartikel müssen sogar so kalkuliert werden, dass sie auch bei unvorhergesehenen Umständen nicht ausgehen.

Neben den Forschungsaktivitäten stellt der Tourismus die zweite Säule menschlicher Aktivität in der Region dar. Auch wenn sich das – wachsende – Touristenaufkommen örtlich wie saisonal auf die antarktische Halbinsel sowie die Monate November bis März beschränkt, gibt es zumindest ähnliche Herausforderungen wie bei der Versorgung der Forschungsstationen. Darüber hinaus bestehen keine weiteren relevanten „sozio-kulturellen" Prägungen in der Antarktis.

---

[3]Zur Übersicht vgl. Council of Managers of National Antarctic Program (Hrsg.) (2012) sowie ergänzend Rubin (2008, S. 43), dazu Clancy et al. (2014, S. 134).

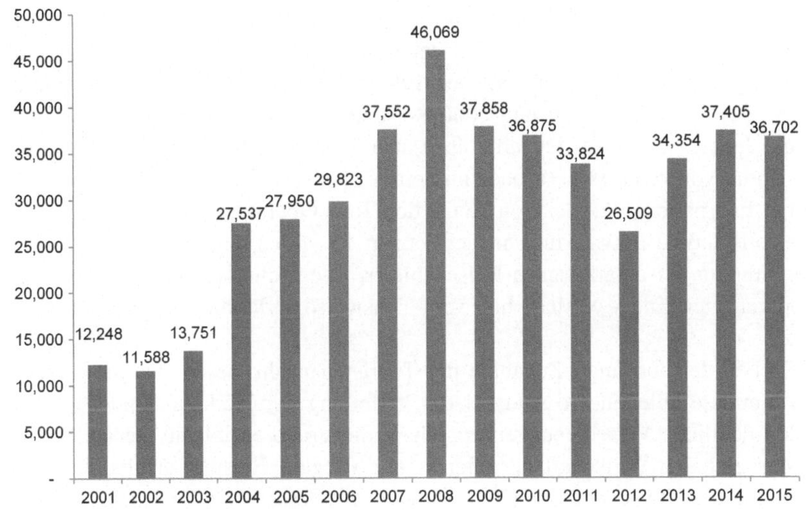

Abb. 2.1 Touristenaufkommen Antarktis 2001–2015 in Personen. (Quelle: Eigene Darstellung, auf Basis International Association Antarctica Tour Operators 2016)

2.3   Wirtschaftliche Rahmenbedingungen

Ähnlich wie bei den gesellschaftlichen Aspekten ist es, wie bereits erwähnt, auch bei den wirtschaftlichen Bedingungen schwer, allgemeingültige Aussagen über die wirtschaftlichen Aktivitäten in der Antarktis zu treffen: Es fehlt schlicht an allgemeingültigen Statistiken hierüber. Die im Antarktisvertrag vertretenen Nationen führen praktisch keine eigene Aufzeichnungen dazu, weil es sich ja per Definition nicht um Staatsgebiet handelt. Auch durch das verwaltende Sekretariat werden keine ökonomischen Daten erhoben – wohl schon allein deswegen, weil kommerzielle Aktivitäten ja durch den Vertrag ausgeschlossen sind. Somit muss man sich in diesem Kontext mit anderen, ähnlich gelagerten Indikatoren behelfen.

Der Grund für die Betrachtung wirtschaftlicher Rahmenbedingungen im Kontext der Logistik liegt dabei natürlich primär darin, die Marktbedingungen für die Logistik und die darin liegenden Größen wie Transportvolumina etc. bewerten zu können. Es liegt damit nahe, in diesem Kontext zunächst die wesentliche wirtschaftliche Aktivität in der Antarktis zu untersuchen: den Tourismus. Dieser findet auf drei wesentlichen Ebenen statt: mittels Kreuzfahrtschiffen (große Schiffe, ohne Anlandungen), im Rahmen von Expeditionsreisen (maximal mittelgroße Schiffe, mit Anlandungen) und mittels Flugzeugen (weitestgehend durch

Überflüge) (vgl. Rubin 2008, S. 344–352, auch Walther 2010, S. 216 ff.). Auch wenn sich schon in den Frühzeiten der Entdeckung des Kontinents touristische Nutzung ergab, so lässt sich seit den 1990er Jahren eine massive Zunahme des Interesses feststellen. Von rund 1000 Reisenden in der Saison 1990/1991 ist bis in das Jahr 2015 ein Anstieg auf zuletzt über 35.000 Besucher festzustellen – eine Zunahme von rund 3500 % oder immerhin 15 % pro Jahr (vgl. hier und in der Folge International Association Antarctica Tour Operators 2016). Abb. 2.1 zeigt die vollständige Entwicklung in den letzten 15 Jahren, auf Basis der Daten der Vereinigung der antarktischen Reiseanbieter, in der alle wesentlichen Unternehmen vertreten sind – weshalb hier vergleichsweise verlässliche Statistiken vorliegen.

Neben der absoluten Zunahme der Touristenanzahl lassen sich auch weitere Erkenntnisse ableiten. So sind bei der Verteilung der Herkunftsländer der Touristen deutliche Verschiebungen zu sehen, die grundlegend mit Verschiebungen in der globalen Wirtschaft korrelieren. Die ist zum Beispiel an der deutlichen Zunahme der Reisenden aus China, analog mit dessen wirtschaftlichem Wachstum, erkennbar (siehe Abb. 2.2). Auch von der Antarktis als Tourismusregion unabhängige Untersuchungen bestätigen diesen Zusammenhang von Wirtschaftswachstum und „Reiseleidenschaft" eines Landes (vgl. Véronneau und Roy 2009, S. 128). Speziell für die Antarktis ist diese Verbindung von Weltwirtschaftsklima und Tourismusbranche an folgendem Beispiel zu erkennen: Analog zu den Auswirkungen der 2008 beginnenden internationalen Finanz- und Wirtschaftskrise ist hier ein zwischenzeitlicher Passagier-Rückgang von über 46.000 auf etwa 26.000 und somit rund 40 % zu erkennen, bevor ab dem Jahr 2013 wieder eine spürbare Steigerung auf aktuell über 36.000 Besucher sichtbar wird. Das Allzeit-Hoch von 2008 bleibt jedoch unerreicht; auch lässt das Datenmaterial dabei keinen Rückschluss auf die monetäre Wirtschaftsleistung durch den Antarktistourismus zu.

Das „CIA Factbook", eine weithin akzeptierte Quelle landesspezifischer Informationen, weist für die Antarktis ein BIP von 0 aus – wenig überraschend angesichts der Staatenlosigkeit und dem damit verbundenen Fehlen von Statistiken und angesichts der Vielfalt der vertretenen Länder (vgl. Central Intelligence Agency 2016). Demnach ist zu erwarten, dass die durch touristische Aktivität erzielten Umsätze in den jeweiligen Heimatländern der Touristik-Unternehmen erfasst werden – und sich somit einer isolierten Betrachtung entziehen. Um dennoch näherungsweise eine Eingrenzung vorzunehmen, soll eine vorläufige Schätzung vorgenommen werden. Eine Auswertung zahlreicher Reiseangebote legt

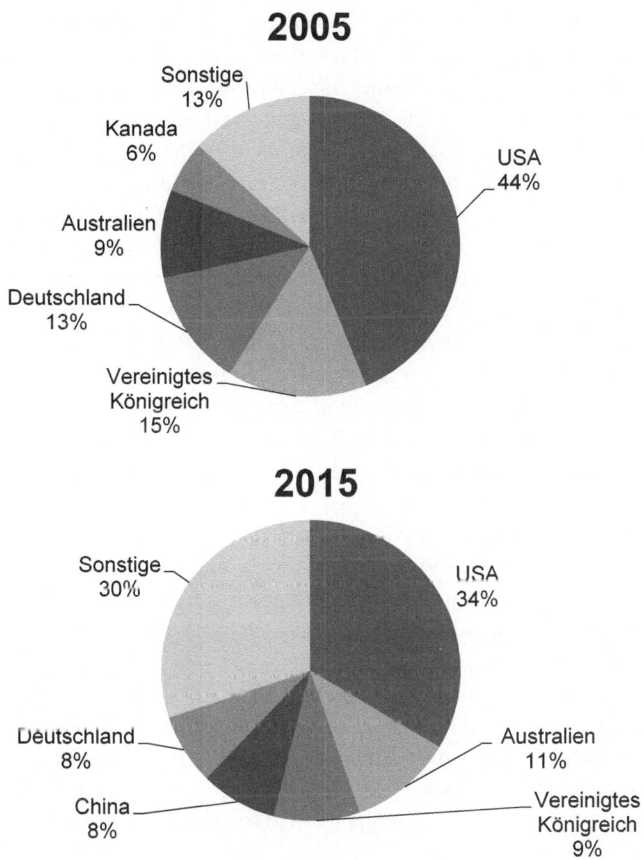

Abb. 2.2   Touristenaufkommen Antarktis nach Herkunftsland. (Quelle: Eigene Darstellung auf Basis International Association Antarctica Tour Operators 2016)

einen durchschnittlichen Reisepreis von mindestens 10.000 US$ pro Person für eine Antarktisreise nahe.[4] Auf Basis dieser Annahme sowie den vorliegenden IAATO-Statistiken kann also für die touristischen Aktivitäten ein Umsatz von

---

[4]Eigene Berechnung auf Basis von Walther (2010, S. 220); Rubin (2008), ergänzend Ward (2016).

mindestens 350 Mio. US$ angenommen werden. Dass auch die Forschungsaktivitäten dabei einen relevanten volkswirtschaftlichen Beitrag in den Anrainer-Staaten generieren, zeigt eine Studie der australischen Regierung, die der „antarktischen Wirtschaft" einen Beitrag zum Volkseinkommen von 237 Mio. Australischen Dollar zurechnet (vgl. Department of State Growth 2013, S. 3). Zudem werden überdurchschnittliche Einkommenshöhen und ein starkes Wachstum von Arbeitsplätzen zuerkannt. Das betrifft sowohl die Forschungsorganisationen selbst ebenso wie unterstützende Dienstleister und Zulieferer der benötigten Materialien. Auch wenn sich diese Zahlen bei absoluter Betrachtung als relativ klein ausnehmen, lassen sie sich bei relativer Betrachtung im Verhältnis zu Einwohnerzahlen oder Lage durchaus als im Umfang relevant bezeichnen. Dazu passt auch, dass die wesentlichen Drehkreuze der Tourismusindustrie eine deutliche Zunahme ihrer Bevölkerung als Indikator einer florierenden Wirtschaft zeigen: von etwa 7000 in 1980 auf 60.000 in 2014 im argentinischen Ushuaia, der südlichsten Stadt der Welt, ähnlich auch Punta Arenas (vgl. d'Entremont sowie Cobin 2012).

Neben den touristischen Aktivitäten ist nicht zuletzt aus historischen Gründen auch der Fischfang als Wirtschaftsfaktor zu nennen. Aufgrund der abseitigen Lage können sich die Tiere weitgehend ungestört vermehren. So sind reiche Fisch-, Wal- und Robbenvorkommen vorzufinden, noch dazu weil nur vergleichsweise wenige Fangschiffe in der Region unterwegs sind. So erklärt sich auch die relativ geringe jährliche Fangmenge von etwa 300.000 Tonnen (Vergleich: Nordsee: etwa 3 Mio. Tonnen/Jahr) (vgl. Hemmings 2015, S. 422 f.).

So bleibt auch für die wirtschaftlichen Einflüsse auf die Logistik in der Antarktis zusammenfassend festzustellen, dass diese wegen der klimatischen Bedingungen und der Lage wesentlich prägend – und limitierend – wirken.

2.4　Infrastrukturelle und technische Rahmenbedingungen

Auswirkungen der besonderen Umstände in der Antarktis sowie der in der Folge geringen Population zeigen sich auch bei der Infrastruktur sowie der verfügbaren logistischen Technologie. Die Statistiken weisen zwar diverse Flug- und Seehäfen aus, jedoch zeigt sich, dass diese ebenso unbefestigt sind wie die wenigen „offiziellen" Straßen (vgl. Central Intelligence Agency 2016).

Zwar stehen für den Luftverkehr zumindest auch längere Runways zur Verfügung. Diese sind aber für normale, größere Transport- und Verkehrsmaschinen kaum geeignet, sie auch nur in den nördlichen Gebieten Südgeorgiens und den South-Shetland-Inseln zu finden sind. Weite Teile des Kontinents sind also mit größeren Maschinen nicht zu erreichen. Aufsehen erregte dabei ein Projekt des Anbieters „Adventure Network", das eine gängige Boeing 757 auf dem Union-Gletscher bei 80° südlicher Breite in der Westantarktis auf einer präparierten Blaueis-Piste landete (vgl. Wicks 2015). Allerdings ist hier von Ausnahmen auszugehen, denn generell sprechen sowohl die geringe Besiedelung als auch insbesondere die Witterungsbedingungen gegen eine starke Befestigung. Zum Luftverkehr gehören gerade im Falle der Antarktis auch Helikopter – hier werden 53 Heliports verzeichnet. Das Einsatzgebiet ist jedoch aufgrund der begrenzten Reichweite auf lokale Zubringer- bzw. Abholdienste beschränkt – das interkontinentale Festland Südamerikas, Ozeaniens oder Afrikas kann nämlich nicht erreicht werden. Zudem würden auch hier die Wetterbedingungen allzu oft gegen einen umfassenderen Einsatz sprechen.

Ähnlich steht es auch für den Schiffsverkehr: Der sich jährlich verändernde Packeisgürtel um den Kontinent steht einer festen Hafenstruktur klar entgegen. Wäre in einem Jahr der Hafen frei zugänglich, könnte im nächsten Jahr eine massive Eisschicht das Anlanden vollständig verhindern. Nur wenige Regionen sind überhaupt ganzjährig eisfrei, weshalb dort kleinere Hafenanlagen aufgebaut wurden (vgl. Central Intelligence Agency 2016). Dies kann sich jedoch im Einzelfall auf hölzerne Stege oder ähnlich rudimentäre Aspekte beschränken. Der Zugang zu diesen Häfen ist zudem gemäß Antarktisvertrag stark beschränkt und erfordert eine vorherige Genehmigung durch das Herkunftsland des Schiffes bzw. dessen Betreibers. Ähnliches gilt auch für die touristische Nutzung: Hier werden Anlandungen auf dem Kontinent bei größeren Schiffen gar nicht erst durchgeführt, bei kleineren Schiffen ist eine frühzeitige Voranmeldung jeglicher Landungen erforderlich (a. a. O.). Die Anlandungen selbst finden dann an unbefestigten Stränden mit Schlauchboot statt.

Für den erdgebundenen Transport gelten ebenfalls massive Einschränkungen. Genau genommen existieren keinerlei Straßen, in einigen Fällen werden in der Sommersaison zwischen ausgewählten Forschungsstationen kleinere Pisten angelegt (vgl. Leane 2016, S. 148 f.). Über diese können dann mit speziellen Verkehrsträgern – Eisschlitten, Raupenfahrzeugen und in seltenen Fällen umgerüstete Straßenfahrzeuge – in kleinem Umfang Transporte durchgeführt werden. Auch hier wären Befestigungen zu aufwendig, könnten den Umweltbedingungen kaum standhalten und würden auch kurzfristigen Wetterveränderungen allzu oft „zum Opfer fallen", z. B. durch Schneeverwehungen. So bleibt auch hier ein sehr beschränkter Umfang der vorhandenen Infrastruktur festzustellen.

Es ist aufgrund der Besonderheiten der Antarktis demnach zweckmäßig, auch die umliegenden Versorgungsrouten zu betrachten. Für die Versorgung der Forschungsstationen wird dabei je nach Lage auf unterschiedliche Knotenpunkte zurückgegriffen: Von Christchurch, Neuseeland, oder Hobart, Australien, führt die schnellste Verbindung in die Südantarktis durch die Ross-See, die Versorgung der westlichen Antarktis und der Halbinsel findet oft über das chilenische Punta Arenas oder das argentische Ushuaia statt (vgl. Rubin 2008, S. 344 ff.). Allerdings gilt insbesondere bei letzterem wiederum die Einschränkung, dass auch dann, wenn es sich um eine mittelgroße Stadt handelt, diese keinesfalls ein viel frequentierter Logistik-Hub ist. Vielmehr ist auch Ushuaia (und ähnlich der chilenische „Nachbar") ein relativ abseitiger, am Ende der Panamerika-Straße, gelegener Außenposten. Bei fast 3000 km Entfernung zur Hauptstadt und Wirtschaftsmetropole Buenos Aires ist schon die Logistik in die kleine Stadt selbst eine große Herausforderung. Ein solide ausgebauter Flughafen mit 3030 m langer Start- und Landebahn sowie ein mittelgroßer, befestigter Seehafen ändern hieran wenig (vgl. SeaRates.com (Hrsg.) 2016 sowie Rubin 2008, S. 167 ff.). Anders stellt es sich für den Ausgangspunkt der dritten wesentlichen Versorgungsroute dar: Kapstadt, Südafrika. Immerhin nahe an den Top 100 der weltweit größten Häfen, sowie mit etwa 100.000 Flugbewegungen ein ähnlich relevanter Flughafen, zeigt sich Kapstadt trotz der großen Entfernung in die Kernantarktis als bestangebundener Knotenpunkt für die Versorgung (vgl. American Association of Port Authorities 2013, in Verbindung mit o. V. 2016). Doch wegen der kaum vorhandenen Infrastruktur am eigentlichen Kontinent bleiben die logistischen Möglichkeiten natürlich auch bei Nutzung gut entwickelter Hubs in Summe begrenzt.

Ein anderer Aspekt des infrastrukturellen Rahmens stellt die technologische Ausstattung dar, insbesondere die Informations- und Kommunikationstechnologie dar. Hier haben die Entwicklung der Satellitenkommunikation und GPS-Navigationsmöglichkeiten zu einer deutlichen Verbesserung der Situation geführt (vgl. Fowler 1988, S. 85 f.). Zwar verfügt die Antarktis über kein eigenständiges Telefonnetz, womit auch kein Mobilsignal verfügbar ist. Dennoch weist die Statistik zahlreiche Web-Zugangspunkte aus, sodass für die Antarktis immerhin Platz 139 in einem weltweiten Ranking zu Buche steht (vgl. Central Intelligence Agency 2016). Der überwiegende Teil der Kommunikation wird dabei satellitenbasiert abgewickelt, kommt so auf ausreichende Übertragungsgeschwindigkeiten auch für umfangreichere Datentransfers, was sowohl für Forschungsstationen als auch Touristenschiffe wichtig ist. Eine wesentliche Rolle spielt die schnellere Verfügbarkeit von Wetterdaten, die nicht nur für die kurzfristige Routenplanung in der Transportlogistik wichtige Parameter darstellen.

Zusammenfassend zeigt sich, dass die Logistik in der Antarktis auf vielfältige Weise von den Rahmenbedingungen beeinflusst ist. Im nächsten Unterkapitel werden die Auswirkungen hiervon untersucht, indem der Logistikmarkt bzw. die Logistik-Aktivitäten auf dem Kontinent genauer beleuchtet werden.

Verkehrs- und Logistikleistung in der Antarktis

Eine statistische Charakterisierung der antarktischen Logistikleistung ist mangels der, in der speziellen rechtlichen Situation begründeten, unzureichenden Datenverfügbarkeit nicht nach einheitlichen Parametern möglich. Die Ausführungen basieren daher wesentlich auf Fallstudien, die einen umfassenden Einblick in logistische Herausforderungen geben.

3.1   Marktbetrachtung für antarktische Logistik

Wie bereits anhand der Rahmenbedingungen im Bereich Politik (Zunahme der Signatarstaaten des Antarctic Treaty) bzw. Wirtschaft (Anstieg des Tourismus) dargelegt wurde, ist ein steigendes Interesse und in der Folge erhöhter Versorgungsbedarf für die Antarktis festzustellen. Zwar liegt kein umfassendes statistisches Datenmaterial vor, dennoch kann von einem wachsenden Bedarf für logistische Dienstleistungen ausgegangen werden.

So haben sich zahlreiche Dienstleister entwickelt, die für die speziellen Bedingungen in der Antarktis abgestimmte Leistungen anbieten. Beispielhaft seien hier einige der Unternehmen genannt: ALE – Antarctic Logistics & Expedition, ALCI – Antarctic Logistics Centre International oder ISS – Inchcape Shipping Services. Die Firma ALCI beispielsweise betreibt für einen Zusammenschluss von Forschungsstationsbetreibern, darunter auch Deutschland, einen Flugverkehr in das „Dronning Maud"-Gebiet der Ostantarktis. So wurden durch das „Dronning Maud Land Air Network" (DROMLAN) in der Sommersaison 2014/2015 insgesamt 9 Pendel-Flüge von Kapstadt auf den Kontinent durchgeführt. Dabei wurden insgesamt 441 Passagiere und runde 50 Tonnen Fracht transportiert (vgl. Nixdorf et al. 2014, S. 22).

© Springer Fachmedien Wiesbaden GmbH 2017
F.C. Kleemann, *Logistik in der Antarktis,* essentials,
DOI 10.1007/978-3-658-16070-8_3

Einen weiteren Zweig von Anbietern stellen staatliche Dienstleister dar, darunter auch militärische, jedoch unter zivilen Vorgaben. Hier sind eher die technischen Anforderungen an die Transportträger Ursache für die Nutzung militärischer Ressourcen, wie zum Beispiel robusten Transportflugzeugen. Solche Leistungen werden zum Beispiel durch die chilenische, argentinische, neuseeländische Luftwaffe und weitere staatliche US-amerikanische Organisationen erbracht und dabei auch Kunden von außerhalb der jeweiligen Heimatländer zu kommerziellen Konditionen angeboten (vgl. Division of Antarctic Infrastructure and Logistics 2012).

Es kann auch davon ausgegangen werden, dass eine Vielzahl von Forschungsorganisationen neben externen, staatlichen wie privaten, Dienstleistern auch eigene Ressourcen nutzt, um Transporte in die Antarktis durchzuführen. Hier dürfte vor allem der Transport von Vorräten als Beifracht von Forschungsschiffen eine wichtige Rolle spielen (vgl. Nixdorf et al. 2014, S. 4).

Zuletzt sollte auch angenommen werden, dass sowohl Forschungsorganisationen als auch touristische Anbieter entlang ihrer komplexen Lieferkette von Anbietern eng begrenzter Einzelleistungen unterstützt werden, zum Beispiel bei der Transportorganisation und -durchführung für einzelne Teilstücke, (Zwischen-) Lagerung oder administrativer Transportbegleitung wie Zollabwicklung.

Dominierende Verkehrsträger sind dabei, wie bereits zu erkennen, See- und Luftfracht. Aufgrund von Kostenerwägungen ist davon auszugehen, dass die Grundversorgung mittels Schiffen erfolgt, Luftfracht eher selektiv für kurzfristige Transporte genutzt wird. Da – wie gesehen – nur unregelmäßig Transporte in die Region durchgeführt werden, könnten im Einzelfall Kostenerwägungen gegenüber dem Ziel der Versorgungssicherheit zurücktreten: Wenn ein Schiff erst einmal in der bzw. in die Region unterwegs ist, ist eine Umkehr nur in Ausnahmefällen sinnvoll (vgl. Véronneau und Roy 2009, S. 132). Dies gilt auch aufgrund der witterungsbedingt engen Zeitfenster, in denen Transporte in die Antarktis durchgeführt werden können, nämlich nur in den Sommermonaten (vgl. u. a. Australian Government 2016; Nixdorf et al. 2014, S. 32). Doch selbst in diesen Fällen müssen die Transportträger selbst auf die besonderen Anforderungen eingestellt sein: Hohe Eisbrecher-Klassen bei den Schiffen auf der einen Seite und spezielle Landevorrichtungen – von speziellen Triebwerken bis hin zu Landeski statt Bereifung bei den Flugzeugen – müssen dafür sorgen, dass auch bei den widrigen Umständen vor Ort sicher transportiert und gelandet werden kann. Die folgenden Fallstudien sollen hierzu weitere Einblicke geben, indem spezifische Rahmenbedingungen und operative Logistikherausforderungen genauer beleuchtet werden.

3.2   Fallstudie A: Logistik für antarktische Expeditionsreisen

Tourismus stellt, wie oben erwähnt, eine zentrale wirtschaftliche Aktivität in der Antarktis dar. Im Folgenden werden hierzu nach einer allgemeinen Situationsbeschreibung speziell die Logistikherausforderungen dargestellt. Die Basis hierzu bildete eine Vor-Ort-Datenerhebung mittels semi-strukturierter Interviews im Rahmen einer Fallstudie.[1]

Hintergrund

Beim Untersuchungsobjekt handelt es sich um einen größeren Anbieter von Expeditionsreisen in die Antarktis. Vom argentinischen Ushuaia aus werden zwei- bis vierwöchige Reisen vor allem in die Region der antarktischen Halbinsel angeboten. Hierbei sind rund 200 Passagiere je Fahrt sowie etwa 100 Besatzungsmitglieder zu versorgen. Die Unternehmenszentrale sitzt im kanadischen Toronto. Von dort aus werden auch die übergeordneten Versorgungsströme gesteuert.

Einflüsse Rahmenbedingungen

Für die Durchführung der Expeditionsreise zeigten sich aufgrund von Faktoren, die – wenn überhaupt – nur mittelbar beeinflussbar sind, eine Reihe von Herausforderungen, die nachfolgend kurz skizziert werden.

An erster Stelle steht vor allem die Verfügbarkeit von Nahrungsmitteln, Treibstoffen etc., da im Expeditionsgebiet keinerlei Möglichkeiten bestehen, Nachschub zu beschaffen. Es gibt einfach keine Lagerstätten bzw. Distributionspunkte oder gar Händler. Im Umkehrschluss muss also bereits bei Abfahrt alles für die gesamte Reise Benötigte an Bord des Expeditionsschiffes sein. Lediglich in Not- bzw. Ausnahmefällen könnte versucht werden, von anderen im Expeditionsareal kreuzenden Schiffen Vorräte zu übernehmen.

In diesem Zusammenhang besteht auch das Problem, die Versorgung über den Verteilpunkt Ushuaia zu organisieren. Wie bereits aufgezeigt, liegt auch dieser zivilisatorische Außenposten relativ isoliert: Viele benötigte Produkte sind hier gar nicht standardmäßig vorhanden, müssen also extra beschafft und/oder

---

[1]Zu semi-strukturierten Interviews vgl. Aghamanoukjan et al. (2009, S. 421), zu Fallstudien als zulässiger Methode für explorative Logistikforschung vgl. Ellram (1996, S. 97 ff.). sowie allgemein zur explorativen Fallstudie als Ansatz für kaum erforschte Gebiete vgl. Stebbins (2001, S. 2).

gelagert werden. Zudem sind für den logistischen Vorlauf hohe Kosten zu kalkulieren, viele Waren sind dabei deutlich teuer als in gut vernetzten Ballungszentren.

Weiterhin beeinflussen die klimatischen Bedingungen die Durchführung der Expeditionsreisen. Obwohl die Fahrtrouten, Anlandepunkte etc. bereits Monate im Voraus gebucht werden müssen, machen dynamische Wetterbedingungen viele Planungen kurzfristig zunichte. Heftige Winde verzögern oft die Schiffspassage der Drakestraße und machen einen entsprechenden Zeitpuffer erforderlich. Gerade für die Randzeiten der von November bis März dauernden Saison ergibt sich außerdem das Problem einer kaum absehbaren Eissituation; ob bestimmte Routen befahrbar sind, zeigt sich nicht selten erst vor Ort.

Wie oben schon angedeutet, ist auch die spezielle rechtliche Situation nicht ohne Auswirkung für die antarktische Logistik: Die Verpflichtung der IAATO zu nachhaltigen Nutzung der Antarktis erfordert eine sehr frühzeitige Routenplanung und -anmeldung. Außerdem muss sich der Veranstalter mangels zentraler Rechtsetzung sowohl mit den Vorschriften der kanadischen Heimat als auch mit denen des argentinischen Versorgungspunktes in Ushuaia auseinandersetzen. Dazu kommt die Verpflichtung aus dem Antarktisvertrag, alle mitgebrachten Materialien (inkl. Abfälle) wieder zurückzuführen, was entsprechende Lagerkapazitäten erfordert.

Ausgestaltung der Logistik
Aufgrund der komplizierten Nachschubverbindungen versucht der Anbieter, möglichst alle benötigten Waren bereits zu Saisonbeginn auf das Expeditionsschiff zu verladen. Hier ist also eine langfristige Planung erforderlich, um kostspielige Nachlieferungen zu vermeiden. Das gilt sowohl für „kritische Bedarfe" wie Expeditionstechnik, als auch für weniger bedeutende Artikel wie Souvenirs für die Bord-Shops der Schiffe.

Bezeichnenderweise wird dabei die Logistik weitestgehend nicht über den „Saisonhafen" Ushuaia abgewickelt. Gründe hierfür sind die schlechte Erreichbarkeit, hohe Preise und dennoch die unzureichende Verfügbarkeit von bestimmten Verbrauchs- und Gebrauchsgütern, die aber für die Expeditionsreisen unerlässlich sind. Die vom Anbieter genutzten Schiffe werden im Wechsel zwischen Arktis und Antarktis eingesetzt. So wird versucht, diese Schiffe bereits auf der „Vorbeifahrt" am kanadischen Hauptquartier umfassend für die anstehende Saison zu beladen, insbesondere mit der erforderlichen Expeditionsausrüstung. Weitere Teile werden im uruguayischen Montevideo zugeladen, da hier sowohl die Material-Verfügbarkeit als auch der technologische Stand der Umschlagsanlagen im Hafen deutlich höher ist als in Ushuaia.

Noch eine weitere Herausforderung zeigt sich angesichts des geringen logistischen Entwicklungsstands des antarktisnahen Hafens von Ushuaia: Immer wieder muss kurzfristig auf nicht vorhersehbare Sachverhalte reagiert werden, zum Beispiel das Fehlen von Treibstoff – weshalb auch hier bereits in Montevideo möglichst alle Reserven genutzt und befüllt werden. Weiterhin sind immer wieder Defizite bei einer verlässlichen Zollabwicklung – mit den entsprechenden Verzögerungen – zu erkennen.

Gerade die Probleme beim Zoll sind dabei aus Sicht des Reiseanbieters ebenso wichtig wie komplex: Typischerweise entfällt die Zollpflicht für die in die Antarktis verbrachte Ware, da diese ja nicht in Argentinien verbleibt. Vielmehr sind nahezu alle Waren nur im Transit. Doch während normalerweise bei Transitware ein (finales) Empfängerland besteht und der Empfang der Waren dort bestätigt werden kann, gibt es in der Antarktis abermals keine Institution, die diese Aufgabe übernehmen könnte. Der Aufwand für Beschaffung von Herkunfts- und Verwendungsnachweisen ist dabei enorm, zumal auch immer wieder unvorhergesehene bürokratische Hemmnisse zu überwinden sind.

Wie bereits angedeutet, sind auch beim Umschlag, d. h. bei Be- und Entladung der Expeditionsschiffe einige Besonderheiten zu beachten. Aufgrund der wetterbedingt kurzen Saison sollen die „Turnaround"-Zeiten minimiert werden. Das Entladen von Gästegepäck oder Reststoffen (z. B. Restaurantabfällen) einerseits sowie das Zuladen von neuen Passagieren, deren Gepäck und Versorgungsgütern, ggf. bis hin zu Treibstoff andererseits müssen also in einem sehr engen Zeitfenster von wenigen Stunden bewältigt werden. Zusätzliche Erschwernisse bestehen hier generell angesichts des eher geringen Ausbaustandes der Umschlagsanlagen im Hafen von Ushuaia sowie der oft schwer zu durchschauenden Arbeitsbedingungen und -beziehungen im Hafen, die immer wieder zu Kompetenzgerangel oder Streik führen.

Die kurze Umschlagszeit erfordert für die „Intralogistik" an Bord des Schiffes hohen Einsatz und Disziplin, um das Verladen und Einlagern so effektiv wie möglich abzuwickeln. Bordgebundene Hilfsmittel werden so weit als möglich genutzt, z. B. Bordkräne, Lastenaufzüge, aber auch Hubwagen; eine spezielle Auslegung für den so zeitkritischen Einsatz ist jedoch nicht erforderlich. Die Verfügbarkeit von Lagerflächen dagegen wirkt dabei nicht als Einschränkung: Die Schiffe werden selten am Kapazitätslimit ausgelastet, sodass freie Flächen flexibel genutzt werden können. Einzig die Lebensmittelversorgung verfügt über spezielle Kühllager, die wegen fehlender Nachschubmöglichkeiten gerade zu Anfang einer Expeditionsreise oft sehr voll sind. Die Verpflichtung des Antarktisvertrages, mitgebrachte Waren auch wieder zu entsorgen, bedingt in der Konsequenz jedoch auch, dass für die Rückführung von Abfällen etc. Lagerkapazitäten vorzusehen sind. Diese belaufen sich auf bis zu einem Drittel der zugeführten Mengen, weshalb sich im Verlauf einer Reise permanent Verschiebungen zwischen Frischwaren- und Reststofflager ergeben.

Zusammenfassend lässt sich feststellen, dass für die antarktische Logistik von Expeditionsreisen erwartungsgemäß umfassende Herausforderungen bestehen. Auch wenn es sowohl für die Einflüsse der Rahmenbedingungen als auch in der operativen Ausführung Besonderheiten gibt, so wiegen doch die Auswirkungen aus den Rahmenbedingungen: Hervorzuheben sind hier sicher die klimatischen Bedingungen – kurz- wie langfristig – sowie die schwierige Versorgungslage. Bei den operativen Logistikaufgaben sind zwar auch Spezifika zu erkennen, diese sind jedoch nicht untypisch für eine internationale Logistik im Umfeld von touristischen Schiffsreisen. Der folgende Einblick in den Betrieb von Forschungsstationen soll hierzu eine weitere Perspektive antarktischer Logistik eröffnen.

3.3 Fallstudie B: Versorgung antarktischer Forschungsstationen

Im Vergleich zum ansteigenden Tourismus in der Antarktis nehmen sich die quantitativen Dimensionen Forschungsaktivitäten eher bescheiden aus. Dass dennoch sehr spezifische Faktoren zu berücksichtigen und Herausforderungen zu lösen sind, zeigt der folgende Fall zur Versorgung der deutschen Antarktisstationen, die vom Alfred Wegener-Institut für Polarforschung (AWI) betrieben werden.

Hintergrund

Mit Heimatsitz Bremerhaven werden im AWI die deutschen Polarforschungsaktivitäten gebündelt. Gleichzeitig dient die Organisation als spezialisierte Plattform für die (ant-)arktischen Forschung anderer Einrichtungen (z. B. GEOMAR Kiel, PIK – Potsdam Institut für Klimaforschung) (vgl. Deutsches Umweltbundesamt 2016).

Das AWI betreibt in der Antarktis zwei Forschungsstationen: die „Neumayer III" als ganzjährige Basis sowie die „Kohnen" als Sommerstation. Während die „Neumayer III" in der Atka-Bucht mit Meereszugang auf dem Ekström-Schelfeis der Ostantarktis liegt, befindet sich die Kohnen etwa 750 km im Landesinneren. Die Aufnahmekapazität der Stationen liegt bei insgesamt etwa 40 Personen, wovon jedoch nur etwa ein Viertel ganzjährig verbleibt bzw. überwintert. Die Versorgung wird von einer fokussierten Logistikabteilung vom Hauptsitz der Einrichtung aus betreut.

Einflüsse Rahmenbedingungen
Der – ganzjährige – Betrieb einer Forschungsstation stellt umfassende Anforderungen an die entsprechende *Versorgung*. Schon mit der Verwendung dieses Begriffes wird ein ganzheitliches Logistikverständnis ausgedrückt. Im Folgenden werden die wesentlichen Anforderungen dargelegt.

Der abweichende zeitliche Rahmen zwischen Expeditionsreisen und dem Stationsbetrieb gibt zwar etwas Spielraum für die (unterjährige) Bereitstellung von Nachschub sowie für die Organisation regelmäßiger Transporte. Doch beides strikt auf die Sommermonate beschränkt. In den Wintermonaten ab April bis September gibt es keinerlei Möglichkeit, die Stationen zu erreichen. Entsprechend müssen Lagerkapazitäten und -bestände dimensioniert sein, weil im Stationsumfeld – außer anderen Forschungsstationen in entsprechender Entfernung – keine Versorgungspunkte bestehen.

Wegen der Lage der Stationen im Kerngebiet des Kontinents besteht die kürzeste Nachschubroute nicht via Südamerika, sondern über Südafrika, genauer über Kapstadt. Von dort aus geht einmal im Jahr das Forschungsschiff „Polarstern" auf Stations-Versorgungsfahrt und bringt alles Nötige mit. Lediglich kurzfristiger Tauschverkehr und vereinzelte Nachlieferungen, z. B. von Frischware, werden per Luftfracht abgewickelt. Die Verfügbarkeit benötigter Vorräte ist dabei aufgrund der Größe Kapstadts überwiegend nicht kritisch.

Das Klima hat allerdings auch hier spürbaren Einfluss auf die Abwicklung der Versorgung. Die Lage der Station „Neumayer III" auf dem Schelfeis bedeutet trotz küstennaher Lage, dass die Anlandungsmöglichkeiten für Schiffe stark schwanken. Der bereits erwähnte Packeisgürtel um die Antarktis variiert von Jahr zu Jahr je nach Tauwetter. Feste Landepunkte gibt es demnach ebenso wenig wie selbst rudimentäre Hafenanlagen. Auch vom Schelfeis abbrechende Eisschollen und -berge können in der Anfahrt für das Versorgungsschiff kurzfristig zum unüberwindbaren Hindernis werden. Ständig wechselnde, schwere Wind- und Sichtbedingungen tun ihr Übriges, wenn sie auch den Flugverkehr noch stärker begrenzen als den via Schiff.

Das Wetter zeigt sich auch mit Blick auf die Infrastruktur als prägend. Mangels befestigter Landebahnen muss, z. B. wenn ein Flugzeug erwartet wird, eine Piste freigeräumt werden. Dies erfordert etwa einen halben Tag Vorbereitung. Die Arbeit kann aber durch starke Winde bald schon wieder zunichte gemacht werden. Ähnliches gilt für den landgebundenen Verkehr. Wie schon erwähnt bestehen keinerlei befestigte Straßen. Versorgungsfahrten zur Sommerstation „Kohnen" oder Forschungsexpeditionen werden mit motorisierten Raupen- und Schlittenfahrzeugen auf lediglich optisch gekennzeichneten Pisten durchgeführt.

Auch rechtliche Rahmenbedingungen beeinflussen ferner die Logistikarbeit spürbar. Schon in der Versorgungsbasis im Freihafen von Bremerhaven spielen zollrechtliche Erwägungen bei der Bestandskontrolle eine wesentliche Rolle. Für alle Materialien und Ausrüstungsgegenstände muss jederzeit nachweisbar sein, dass sich das Lagerobjekt nicht im freien Warenverkehr, sondern entweder im Freihafen oder eben in der Antarktis (inkl. Transit) befindet. Gemäß der Verpflichtung des Antarktisvertrages zur Rückführung aller eingebrachten Objekte wird über transportierte und rückgeführte Mengen genau Buch geführt.

Andererseits wird, hinsichtlich der eher politischen Rahmenbedingungen, die internationale Kooperation zwischen denen in der Antarktis aktiven Nationen als sehr positiv beschrieben. Veränderungen im geopolitischen Weltklima wirkten sich bisher nicht (negativ) auf die enge (logistische) Zusammenarbeit aus, wie auch das gemeinschaftlich organisierte Flugverkehrsnetzwerk „DROMLAN" belegt. Hier koordinieren und nutzen elf Nationen, darunter neben Deutschland auch Russland, Indien oder Großbritannien, gemeinsam Kapazitäten für Materialnachlieferungen und Personen im Sinne einer kooperativen Logistik.

Ausgestaltung der Logistik
Zunächst ist die logistische Planung von einem eher langfristigen Horizont geprägt. Der Planungszyklus für die jeweils vorausliegende Sommersaison (ab Oktober) beginnt bereits nach Ende der vorherigen (im April). Die Anforderungen allerdings variieren von Jahr zu Jahr, da je nach den vorgesehenen Forschungsprojekten unterschiedliche Ausrüstungsgegenstände, Proviantmengen etc. eingeplant werden müssen.

Als wesentlicher Transportträger dient dabei, wie schon erwähnt, ein nur einmal im Jahr verkehrendes Versorgungsschiff, mit dem alle Vorräte (inklusive Ausrüstung und Treibstoffen) zur Hauptstation „Neumayer III" transportiert werden. Ausgangspunkt ist Bremerhaven. Von dort aus fährt das Schiff zunächst nach Kapstadt, lädt dort weitere Fracht zu und landet dann meist gegen Ende eines Kalenderjahres in der Atka-Bucht gut 20 km von der eigentlichen Station an.

Neben den bereits dargelegten Herausforderungen der Routenplanung ergeben sich auch Fragen bei der operativen Durchführung der Transporte. So müssen tatsächlich die Anlandepunkte spezifisch ausgewählt werden, da das Löschen der Ladung über die Packeis-Kante erfolgt und beim Umschlag gegebenenfalls

Höhenunterschiede von bis zu 20 m zu überbrücken sind. Anderenfalls ist der Schiffskran der Polarstern nicht ausreichend und es müssen kurzfristig Alternativen gefunden werden. Bei einer Kran-Verladung über die Eiskante kommt es sogar vor, dass aus Zeitgründen die rückzuführenden Objekte bis zum nächsten Transport (ein Jahr später) zurückbleiben müssen.

Aufseiten des „Festlandes" erwarten dann Raupenfahrzeuge auf die Fracht, die auf spezielle Schlitten in Containergröße verladen wird. Auch rund 400.000 L Treibstoff müssen in Tanks gepumpt und zur Station transportiert werden. Aufgrund der strikten Umweltschutzbestimmungen sind gerade beim Verladen von Treibstoffen besonders hohe Vorsicht, Sorgfalt und Notfalllösungen wichtig.

In der Station selbst stehen dann zahlreiche Lagerräume zur Verfügung. Ihnen werden die Lagerobjekte je nach Temperaturempfindlichkeit zugeordnet. Regelmäßige Bestandskontrollen – quantitativ und qualitativ – stellen sicher, dass stets ausreichend Vorräte vorhanden sind. Da Nachlieferungen im Winter nahezu unmöglich sind, kann es vorkommen, dass Frischwaren auch einmal zur Neige gehen.[2] Wichtiger ist aber, dass alle lebenswichtigen Bedarfe stets ausreichend zur Verfügung stehen, insbesondere Treibstoff als wesentliche Energiequelle. Gerade in den Wintermonaten wird es in der Antarktis oft gar nicht mehr hell, weshalb Alternativen wie Solarenergie nur bedingt infrage kommen.

Für die Sommermonate gilt, dass neben Personal auch Vorräte gegebenenfalls per Luftfracht an die Neumayer-Station geliefert werden können. Aus Kostengründen wird zwar versucht, weitestgehend auf den Schiffstransport zu setzen. Dennoch werden kleinere Mengen und kurzfristig Benötigtes auch mittels Luftfracht angeliefert. Dabei greift das AWI, wie schon erwähnt, auf ein kooperativ betriebenes Verkehrsnetzwerk, das DROMLAN, zurück. Ausgeführt wird das Konzept von einem privaten Dienstleister, der es mit antarktiserfahrenen Mitarbeitern umsetzt. Ausgangspunkt ist wie beim Schiffsverkehr Kapstadt. Von dort aus werden je nach Bedarf (und Voranmeldung) der beteiligten Nationen Versorgungsflüge ausgeführt, die zunächst auf einer in der Nähe einer russischen Station Novolazarevskaya gelegenen Bahn landen. Als „Runway" dient hier eine gezielt verdichtete und geglättete Schneeoberfläche, auf der robuste, bereifte

---

[2]Tatsächlich sind solche Versorgungsflüge unter extremen Umständen grundsätzlich möglich. Wie groß der Aufwand jedoch ist, beweist die Tatsache, dass die Evakuierung zweier Stationsmitarbeiter der US-Südpolstation so außergewöhnlich ist, dass dies ein breites weltweites Echo gefunden hat, vgl. Visser und Strickland (2016). Aus logistischer Sicht interessant: Der Einsatz wurde mit zwei Flugzeugen durchgeführt, eines davon ausschließlich als Reserve.

Transportmaschinen, vor allem Typ Iljushin IL-76TD landen. Deren Ladung wird dann auf kleinere Maschinen umverteilt (Typ Basler BT-67), die die Auslieferung („Feeder Flights") unmittelbar an die jeweiligen Stationen der beteiligten Nationen übernehmen. Aufgrund des Aufwandes zur Errichtung und Pflege fixer Landebahnen werden hier an den Flugzeugen Skifahrwerke eingesetzt. Zwar müssen auch hierfür Pisten freigeräumt werden; dies geschieht allerdings in vertretbarem Umfang und aufgrund der eher seltenen Flüge (9–10 pro Sommer) nicht allzu häufig. Auch wenn der größte Anteil der Liefermengen über die Seetransporte abgewickelt wird, stellt das Luftverkehrsnetzwerk so eine wichtige ergänzende Säule der Logistik für die Stationsversorgung dar.

Neben dem DROMLAN-Dienstleister kommen entlang der Transportkette noch eine Reihe weiterer Unternehmen zum Einsatz. So zum Beispiel eine Reederei zur Betreuung des Polarstern-Forschungsschiffes, ein Hafenagent in Kapstadt für Zollabwicklung, Handling und Zwischenlagerung sowie eine Agentur für lokale Besorgungen. Dabei steht aufgrund der spezifischen Anforderungen an eine antarktische Logistik nur eine begrenzte Anzahl von möglichen Providern zur Verfügung. Erforderliches Spezialwissen und die geringe Mengenleistung bedingen, dass die Anbieter als eher mittelgroß bzw. klein zu charakterisieren sind.

Ein weiteres Indiz für die hohe Spezifität der Logistik für die Antarktis, speziell im Forschungsumfeld, ist auch die Rückführung von Materialien. Neben der verpflichtenden Rückführung aller zugelieferten Stoffe gemäß Antarktisvertrag ergibt sich ferner, dass Forschungsergebnisse aus dem Kontinentalgebiet zurück nach Deutschland transportiert werden müssen. Ein Beispiel hierfür sind Eiskerne aus Bohrungen zur Betrachtung von klimatischen Entwicklungen. Hier muss entlang der gesamten Transportkette eine minutiöse Temperatursteuerung sichergestellt werden. Spezielle REEFER-Behälter sind dafür ebenso erforderlich wie sensibel agierende Dienstleister, denen die Kritikalität der Transportobjekte ausreichend bewusst ist.

In den Beziehungen zu den Logistikanbietern sind daher Vertrauen, eine langfristige Orientierung, ein hohes Maß an Kooperation und Kommunikation entscheidende Faktoren. Nur so können bei Engpässen oder den stets zu erwartenden kurzfristigen Herausforderungen flexible und gleichzeitig effektive Lösungen gefunden werden.

Zusammenfassend kann für die Versorgung von Polarstationen festgestellt werden, dass einerseits viele Rahmenbedingungen die Logistik ähnlich beeinflussen wie die für Expeditionsreisen. Andererseits existieren eine Reihe von Spezifika, wie die ungleich höhere zu berücksichtigende Verweildauer auf dem Kontinent, die die Logistik für Forschungsstationen klar differenzieren und zu einer speziellen Herausforderung machen.

Analyse und Handlungsempfehlungen für eine antarktische Logistik 4

4.1 Eine entfernte Schwester: die Arktis

Bei der Durchführung der diesem *essential* zugrunde liegenden Untersuchung zeigte sich immer wieder, dass Arktis und Antarktis gerne verwechselt werden. Natürlich gibt es Parallelen, aber gerade für die Logistik sind die Unterschiede sehr deutlich. Wesentliche Punkte hierbei sollen im Folgenden erörtert werden – ohne Anspruch auf Vollständigkeit.

Zunächst mal soll hier eine **allgemeine Charakterisierung** erfolgen. Die Arktis ist – im Gegensatz zur Antarktis – kein eigener Kontinent, sondern eine Meeresregion, die von mehreren Kontinenten umfasst wird. Sie verfügt somit auch über keine eigenen Landmassen. Eine genaue Definition erweist sich als schwierig, weil eine Vielfalt geografischer, meteorologischer und sonstiger Kriterien zur Abgrenzung herangezogen werden kann. Am gängigsten scheint die Abgrenzung über den Nordpolarkreis bei 66°33' nördlicher Breite (vgl. Bartsch 2015a, S. 84). Damit umfasst die Arktis rund 20 Mio. Quadratkilometer Fläche.

Daher sind auch deutliche Unterschiede zur Antarktis in den **politisch-rechtlichen Aspekten** zu erkennen: Die eigentliche Landmasse ist bedingt durch ihre Lage Teil von existierenden Staaten, darunter Norwegen, Grönland (Dänemark), Kanada, die USA und Russland. Zudem liegen auch finnische, schwedische und isländische Gebiete innerhalb des Polarkreises (vgl. Braune 2016, S. 91). Der politische Status der Arktis ist weitestgehend ungeklärt, da zahlreiche Staaten Ansprüche erheben. Relevant auch für die Logistik ist sicher die „200-Seemeilen-Ausdehnung" der Länder, womit man bei (Schiffs-)Passagen dem entsprechenden

© Springer Fachmedien Wiesbaden GmbH 2017
F.C. Kleemann, *Logistik in der Antarktis*, essentials,
DOI 10.1007/978-3-658-16070-8_4

Landesrecht unterliegt. Grundlage hierfür bildet das internationale Seerecht (vgl. Bartsch 2015b, S. 19). Weiterhin existieren zahlreiche ungeklärte Territorialkonflikte.[1] Die Ausbeutung von Ressourcen folgt Partikularinteressen und ist nicht durch eine gemeinschaftliche Vereinbarung geregelt. Auch die in der Antarktis so eindeutig vereinbarte friedliche Nutzung ist durch recht umfassende Militärpräsenz mehr als fraglich.[2]

Ebenso ist es schwer möglich, die **sozio-kulturellen Charakteristika** der Arktis zu bewerten, hängen diese doch relativ stark von den einzelnen, in dieser Region präsenten Ländern ab. Wesentlicher Unterschied ist zudem, dass die Arktis schon relativ früh menschliche Siedlungsversuche erlebt hat (ab etwa 2500 v. Chr.). Die Schiffswege innerhalb des Nordpolarmeeres wurden ab etwa 1600 n. Chr. erstmals be-, aber nicht durchfahren (vgl. Demhardt 2016, S. VII). Unabhängig davon kann man von einer angestammten Bevölkerung sprechen: Man geht davon aus, dass etwa vier Millionen Bewohner innerhalb des nördlichen Polarkreises leben. Dazu kommen auch noch die Menschen auf den rund 30 Forschungsstationen, die in der Antarktis ja die einzige Bevölkerung ausmachen, sei es ganzjährig oder ebenfalls nur saisonal begrenzt.

Das **wirtschaftliche Umfeld** ist natürlich in der Arktis aufgrund der vorhandenen Bevölkerung deutlich weiter entwickelt. Tourismus und Fischfang sind zwar auch hier dominierend. Doch angesichts der umfassenderen Besiedelung findet beides in wesentlich größerem Umfang statt als bei der „südlichen Schwester" (vgl. Braune 2016, S. 96). Zudem sind die zur Versorgung der Einwohner „klassischen" Dienstleistungssektoren wie Handel und Transportwesen deutlich weiter entwickelt. Dazu kommen vermutet reiche Rohstoffvorkommen, deren Ausbeutung jedoch international umstritten ist. So herrschen in den Kernregionen des Nordpolarmeeres ebenfalls große Isolation und lange Versorgungswege (vgl. Haftendorn 2012, S. 445).

Insofern zeigen sich auch bei der **Infrastruktur** Ähnlichkeiten zwischen Arktis und deren südlichen Pendant: Weite Teile der Region sind nicht oder nur unzureichend erschlossen. Andererseits kann doch in den besiedelten Gebieten auf eine wesentlich stärker ausgebaute Infrastruktur zurückgegriffen werden.

---

[1]Russland hat zwischenzeitlich sogar unter Wasser eine Fahne am Nordpol „gehisst", vgl. Braune (2016, S. 9). Humoriger ist wohl der „Konflikt" zwischen Kanada und Dänemark um „Hans Island", der publik wurde, weil das unbewohnte Eiland regelmäßig von der Fahne des jeweiligen „Kontrahenten" gesäubert und eine Flasche Hochprozentiges als „Gruß" hinterlassen wurde, vgl. Gründel (2005).

[2]Vgl. Bartsch (2015b, S. 23 f.), der allerdings keine offensiven Intentionen feststellt.

Vollwertige Flug- und Seehäfen existieren ebenso wie befestigte Straßen (vgl. Diebold 2015, S. 69 f.). Auch gibt es in vielen Arktisteilen eine geregelte Stromversorgung und weitere feste Zivilisationsstrukturen. Zwar sind große Logistik-Drehkreuze aufgrund der extremen Witterung nicht vorhanden, doch der Gegensatz zur nahezu völlig isolierten Antarktis ist trotzdem offensichtlich.

Die in der Region erbrachte **Logistikleistung** ist wohl der wesentlichste Unterschied zur Antarktis: Die Arktis liegt nicht nur näher an großen Industrienationen und damit an bedeutenden Handelsrouten. Mit der Nordwestpassage (zwischen Atlantik und Pazifik via Nordamerika) besteht sogar ein für die kommerzielle Schifffahrt interessanter Seeweg.[3] Was die Route so attraktiv macht, ist die mögliche Seewegsverkürzung zwischen Ostasien und Europa um rund 5000 km (etwa 20 %), die Transporte zwischen diesen Regionen wesentlich effizienter gestalten würde. Auch die Nordostpassage (zwischen Nordpazifik und Nordsee, weitestgehend entlang russischer Küsten), normal noch eisiger als die westlichere Route, wird eine immer realistischere Option (vgl. Bartsch 2015a, S. 106). Ermöglicht wird dies durch die aufgrund globaler Erwärmung zurückgehenden Eismassen. So werden die Seewege saisonal länger und auch für nichteisbrechende Containerschiffe letztlich befahrbar. Vereinzelte Prognosen sehen das Frachtpotenzial dabei bei rund 120 Millionen Tonnen pro Jahr.[4] Im Hinblick auf das logistische Interesse werden auch größere begleitende Infrastrukturprojekte wie der Bau eines Tiefseehafens sowie weiterer Versorgungsstationen geprüft. Festzustellen ist allerdings auch, dass in Zeiten niedriger Ölpreise die Zeitvorteile des verkürzten Seewegs oft geringer gewichtet werden als die zusätzlichen Aufwände für die Ausstattung arktisgängiger Schiffe. Steigt der Ölpreis wieder an, werden „Abkürzungen" wie Nordwest- und Nordostpassage der arktischen Logistik sicher zu einem weiteren Bedeutungszuwachs verhelfen.

4.2   Zusammenfassende Betrachtung: Logistik in der Antarktis

Die gewonnenen Erkenntnisse aus Literatur und Fallstudien soll hier noch einmal in strukturierter Form zusammengeführt werden, um die anzutreffenden Extreme für die Logistik in arktischen Regionen darzustellen.

.

---

[3]Dies beeinflusst offensichtlich auch die forscherische Relevanz: zum Beispiel hat 2014 hat eine ganze Konferenz zur arktischen Logistik stattgefunden.

[4]Vgl. Bartsch (2015a, S. 107), der sich allerdings zurückhaltend ob dieser Schätzung zeigt.

Rahmenbedingungen: Geografie & Topografie

Die extreme Randlage der Antarktis fernab sämtlicher wesentlicher Handelsrouten kann erklären, warum das Gebiet – im Gegensatz zur Arktis – auch kommerziell bisher nicht als relevant erachtet wurde. Während die Nordwest- und Nordostpassage gerade im Zuge der globalen Erwärmung massiv an Interesse gewonnen haben, ist ähnliches für die Antarktis nicht zu erwarten. Die geografische Lage ist außerdem weiterhin ursächlich für die extreme Witterung.

Rahmenbedingungen: Wetter & Klima

Wie zu erwarten, gehen von den besonderen klimatischen Bedingungen in der Antarktis auch die prägendsten Einflüsse für die Logistik aus. Versorgungseinrichtungen oder Lagerstätten sind nicht wirtschaftlich zu betreiben, alles Benötigte muss in die Region gebracht werden. Touristische Aktivitäten konzentrieren sich daher von Haus auf den „warmen" Norden der antarktischen Halbinsel. Die Forschungsstationen dagegen müssen lange Wege und hohe Puffer in Kauf nehmen. Zudem ergeben sich weiterhin Auswirkungen auf logistische Ressourcen und Prozesse.

Rahmenbedingungen: Politik & Recht

Sicher scheint es übertrieben, den Antarktisvertrag als „Utopia" internationaler Zusammenarbeit zu loben. Dennoch zeigt der spezifische Status, im krassen Gegensatz zu dem sehr viel umstritteneren Arktisterritorium, dass einvernehmliche Lösungen möglich sind. Für die Logistik ergeben sich allerdings Herausforderungen, da klare Regelungen zur Ausführung der logistischen Aktivitäten oft fehlen oder zwischen den Signatarstaaten unterschiedlich streng geregelt sind. In den Fallbeispielen zeigt sich dies in der stark formalisierten Abwicklung für die deutschen Polarforscher gegenüber eher von Selbstverpflichtungen geprägten Tourismus-Aktivitäten unter kanadischer Flagge.

Rahmenbedingungen: Sozio-kulturelle Prägung

Für die antarktische Logistik macht sich die fehlende Bevölkerung insbesondere durch deren Konsequenz, dem Fehlen einer etablierten Infrastruktur, bemerkbar.

Rahmenbedingungen: Wirtschaft & Markt

Der geringe Umfang kommerzieller Aktivitäten macht die Antarktis aus logistischer Sicht eher zu einem Randmarkt. Andererseits zeigt das Wachstum der touristischen Drehkreuze Punta Arenas und Ushuaia, dass der Bedarf an einer professionellen Versorgung deutlich zugenommen und so auch für entsprechende

Logistikdienstleister an Attraktivität gewonnen hat. Auch die professionelle Versorgung der Forschungsstationen erfordert spezifische Dienstleister.

Rahmenbedingungen: Technologie & Infrastruktur
Wesentliche Einschränkung für die Logistik ist die klimatisch bedingte, geringe Erschließung der Antarktis: Nicht vorhandene Flug- und Seehäfen, keinerlei landgebundene Verkehrswege und unzureichende Lagerstätten prägen die Region – und stellen die Logistiker für riesige Herausforderungen, sei es für die Versorgung touristischer oder wissenschaftlicher Aktivitäten.

Ressourcen: Transportträger
In der Folge der unzureichenden Infrastruktur ergeben sich charakteristische Anforderungen an die Transportmittel als zentrale logistische Ressourcen:

- Hohe Eisbrecherklassen für die touristischen Expeditionsschiffe ebenso wie die Forschungsschiffe
- Speziell ausgerüstete Flugzeuge, insbesondere beim Kälteschutz der Motoren sowie Landevorrichtungen für Eislandungen
- Ausrüstung der Transportträger mit der benötigten Technik zum autarken Umschlag (z. B. leistungsfähige Bordkräne)
- Beschränkung auf, z. T. gezielt entwickelte, Sonderfahrzeuge für den Landverkehr
- Vorsorge für ausreichende Kraftstoffversorgung aufgrund problematischer Nachlieferzeiten und -wege

Ressourcen: Ladungsträger
Ähnlich wie bei den (aktiven) Transportmitteln sind auch bei den Ladungsträgern Besonderheiten für die antarktische Logistik erkennbar. Allerdings stellen sich diese für touristische Aktivitäten wesentlich geringer dar als die für die Forschung: Bei letzteren sind die eigens entwickelten Containerschlitten sowie die umfassende Ladungssicherung mittels isolierten Boxen unverzichtbar für einen effizienten, unbeschädigten Transport der Fracht. Für die Expeditionsreisen ist dies aufgrund der geringen Reisedauer sowie der Ausstattung der Schiffe kaum nötig.

Ressourcen: Personal
Ein weiterer Schwerpunkt auf Ressourcenebene (Anforderungen an das Fachwissen des (logistischen) Personals), besteht eher für die Versorgung der

Polarstationen: Erfahrung und Flexibilität sind entscheidende Erfolgsfaktoren. Für die Reiseanbieter dagegen ist insbesondere die operative Logistik lediglich eine Nebenaufgabe ohne besondere Qualifikationserfordernisse an die Mitarbeiter.

Management: Ziele
Obwohl im Falle des Expeditionstourismus natürlich die Gewinnerzielung eine gewisse Rolle spielt, überwiegt doch grundsätzlich die (Versorgungs-)Sicherheit der betreuten Personen als dominierendes Logistikziel. So wird beispielsweise bei der Bevorratung die Vermeidung von Fehlmengen vor den Lagerhaltungskosten priorisiert.

Management: Strategie
Zwar herrschte bei den befragten Organisationen ein hohes Bewusstsein für die Besonderheiten antarktischer Logistik. Eine spezifische, dokumentierte Analyse der Rahmenbedingungen und Anforderungen sowie eine Entwicklung eines darauf abgestimmten Handlungsrahmens als Strategie lagen jedoch nicht vor. Ein möglicher Ansatz hierfür wird in 4.3 vorgestellt.

Management: Planung
Die Notwendigkeit einer robusten Planung von Versorgungsfahrten, Liefermengen und Ressourcen wurde im Rahmen des Forschungsprojektes deutlich betont. So müssen bereits frühzeitig viele Eventualitäten berücksichtigt und durch ausreichende „Puffer" abgesichert werden, z. B. bei der Dimensionierung von Lagerbeständen. Diese müssen ja oft für mehrere Monate ohne Nachliefermöglichkeiten ausgelegt werden, selbst bei den relativ „zivilisationsnahen" Expeditionsreisen.

Management: Operative Prozesse
Auch wenn sich aufgrund der Vielfalt operativer Logistikprozesse keine generellen Anforderungen an das Management Leitlinie ableiten lassen, so stechen doch die an Flexibilität und bisweilen auch entsprechende Kreativität doch heraus. Sich durch schnell ändernde Witterungsverhältnisse verschobene Landungen wirken sich ebenso auf die Routenplanung aus wie der besonders anspruchsvolle Containerumschlag auf eine Eisscholle, wenn ein vorgesehener Verladeplatz aufgrund eines Eisbergs nicht angelaufen werden kann. Allzu lange Entscheidungsprozesse würden hier regelmäßig durch operative Handlungsnotwendigkeit überlagert. So kann zusammenfassend festgestellt werden, dass sich die Rahmenbedingungen

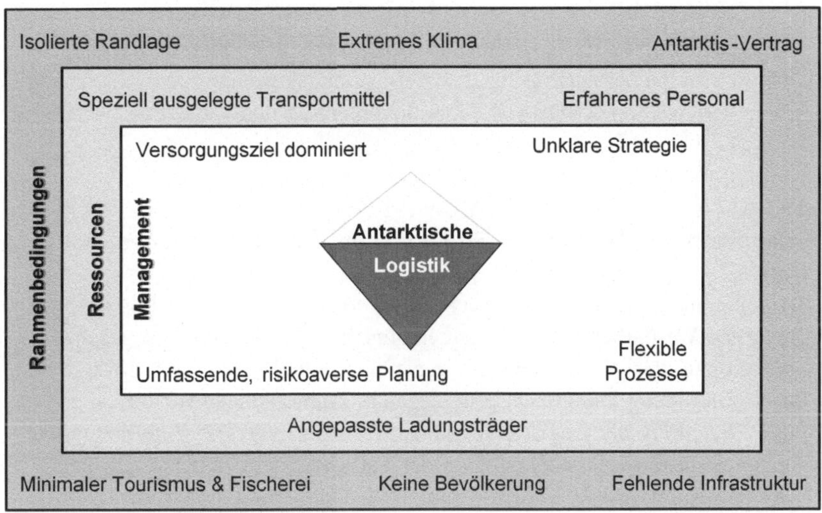

Abb. 4.1 Analyseraster der Antarktischen Logistik. (Quelle: Eigene Darstellung)

in der Antarktis massiv und bis zur untersten Ausführungsebene auf die Logistik auswirken. Abb. 4.1 verdeutlicht dies.

4.3 Gestaltungsempfehlungen: von Extremen lernen

Angesichts der wirtschaftlich geringen Bedeutung stellt sich sicherlich die Frage, warum die Logistik in der Antarktis Lerneffekte für Logistiker und Supply Chain Manager in Industrienationen bieten könnte. Doch die zusammenfassende Betrachtung zeigte einige Bereiche auf, bei denen hiesige Praktiker auch ohne Antarktisbezug einfache Leitsätze befolgen können, um ihre Logistik erfolgreicher zu gestalten:

Handlungsempfehlung 1: Logistikziele festlegen und priorisieren
Ob nun 4R oder 6R – vielfach fehlen für die Logistik klare Ziele oder mindestens Prioritäten. Das Beispiel antarktischer Logistik zeigt jedoch, wie wichtig es ist, neben Zielen auch Prioritäten vorzugeben, um bei kurzfristigem Entscheidungsbedarf angemessen – und eben zielgerichtet – zu

reagieren. Mag es für bestimmte Unternehmen oft wichtig sein, schnellstmöglich zu reagieren (Priorität Zeitziel), ist eine kostenminimale Lieferung für andere wichtiger. Dies sollte klar dokumentiert und vorgegeben sein.

Handlungsempfehlung 2: Strategischen Handlungsrahmen entwickeln

Aus klaren Zielen leitet sich auch die mittel- bis langfristige Logistikstrategie ab. Wesentliche Determinanten sind hierbei die Reaktionsgeschwindigkeit auf der Nachschubseite gegenüber Volatilität der Nachfrage. Je nach Zuordnung lassen sich grundlegende Empfehlungen für die langfristige Gestaltung der Logistik gewinnen. Abb. 4.2 zeigt die Einordnung der angenommenen Logistikstrategien der Fallstudienteilnehmer in ein gängiges Strategieportfolio. Voraussetzung ist jedoch, eine fundierte analytische Betrachtung – intern wie extern – durchzuführen. Oft ist es erst eine strukturierte Analyse, die Schwachpunkte oder Chancen erkennen lässt.

Handlungsempfehlung 3: Der (Versorgungs-)Kunde ist König

Man stelle sich vor, bei der Bevorratung von Lebensmitteln würde einer Polarstation ein Fehler unterlaufen – und mitten im Winter gingen die Vorräte aus. Unvorstellbar? Hoffentlich! Doch wie oft stehen Kunden vor leeren Regalen? Wie oft wird versucht, Bestände noch weit über das notwendige Minimum hinaus zu senken? Dabei verlieren die „Optimierer" nur allzu gerne aus den Augen, dass fehlende Bestände auch die Lieferfähigkeit negativ beeinflussen und somit die Kundenzufriedenheit. Mag das kurzfristig in Umsatzzahlen kam sichtbar werden, sind langfristige Folgen kaum abzusehen. Zwar sollten Lagerkosten nicht ausufern. Aber für zufriedene Kunden gibt es keinen Ersatz. Und: für hungrige Polarforscher keine Alternativen. Daher: Lagerbestände mit Blick auf den Kunden optimieren, nicht mit Blick auf die Kosten!

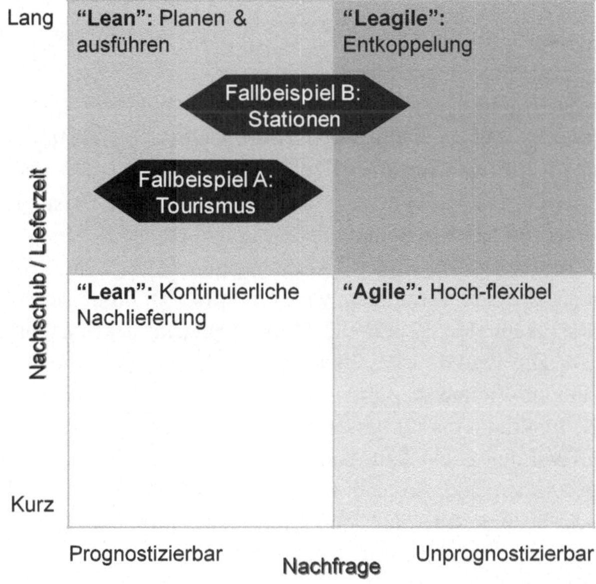

Abb. 4.2 Indikative Fallstudieneinordnung in Logistikstrategietypologie. (Quelle: Eigene Darstellung, mit Bezügen zu Tandler 2013, S. 299)

Handlungsempfehlung 4: Planungen robust, aber flexibel gestalten

In den untersuchten Fallbeispielen wurde die Bedeutung langfristiger Planung mangels kurzfristiger Reaktionsmöglichkeiten deutlich betont. Viele Unternehmen verzichten gänzlich auf Planung, mit der Begründung, dass die eigene Branche dies nicht zuließe. Natürlich sind Schwankungen nicht zu vermeiden und Flexibilität eine wichtige Anforderung. Doch in der Rückschau zeigen sich oft wiederkehrende Muster und Probleme, die nur dann vermieden werden können, wenn Lerneffekte auch gezielt identifiziert und eingebunden werden. In der Folge können ähnliche Herausforderungen bei zukünftigen Planungen berücksichtigt werden. Es darf nur nicht dazu kommen, dass Planungen als starre Vorgaben aufgefasst werden, die zu jedem Preis umzusetzen sind. Auch das lehrt die antarktische Logistik: Flexibilität ist Trumpf (auch, um übergeordnete Pläne realisieren zu können).

Handlungsempfehlung 5: Risikomanagement ist ein integraler Planungsbestandteil

In Zeiten einer digital wie physisch vernetzten „Industrie 4.0", soviel ist vielen bewusst, sind auch die wechselseitigen Abhängigkeiten zwischen Unternehmen groß wie nie. Ein Risikomanagement ist also erforderlich. Doch mit der Umsetzung in der Praxis hapert es oft. Zum Beispiel, weil die Pläne sowieso oft „in der Schublade" verschwinden. Allerdings ist genau das ein wesentliches Ziel von Risikomanagement: mögliche Probleme zu antizipieren und sie zu vermeiden, wo es möglich ist. Sollte sich ein Risiko manifestieren, kann der „Plan B" als Notfallplan „aus der Schublade" gezogen werden. Die Reaktionsgeschwindigkeit, das aufgetretene Problem zu lösen, ist um ein Vielfaches höher, wenn bereits Pläne vorhanden sind; und diese Pläne funktionieren oft besser, weil sie nicht in der Hektik eines überraschenden Vorfalls entwickelt, sondern bewusst für die Problemsituation vorbereitet worden sind. So auch bei der antarktischen Logistik: Bestände werden nicht hoch gehalten für den Fall, das alles nach Plan läuft – sondern dafür, wenn unvorhergesehene Umstände eintreten und so z. B. eine Nachlieferung verzögern.

Handlungsempfehlung 6: Fähige Mitarbeiter tragen eine erfolgreiche Logistik

Die Auswirkungen der Digitalisierung werden gerade im operativen Bereich der Logistik zeigen sich schon jetzt und werden an Bedeutung noch erheblich zunehmen. Kommissionierungsroboter, autonome Transporte und selbststeuernde Lager werden sicher vieles verändern. Doch das Beispiel der antarktischen Logistik zeigt, dass auch Erfahrung, Spezialwissen und Kreativität in unbekannten Situationen bei Mitarbeitern oft wichtiger sind als reine operative Effizienz. So sollten sich auch Supply Chain Manager in etablierten Branchen nicht nur auf Automatisierung verlassen, sondern die Rolle der Mitarbeiter verstehen und sukzessive an die neuen Anforderungen anzupassen.

Diese Handlungsempfehlungen zeigen, dass sich Beobachtungen und Herausforderungen für die Logistik in der Antarktis ohne weiteres auf fast alle Branchenzweige Mitteleuropas übertragen lassen.

Fazit und Ausblick in die Zukunft 5

Die Ausführungen haben gezeigt, dass in der Antarktis sehr spezifische Bedingungen vorzufinden sind. Angefangen bei der geringen Besiedelung und technologisch-infrastrukturell geringen Erschließung, über den speziellen rechtlichen Status hin zu den langen, komplexen Versorgungsrouten. Hinzu kommen die auch kurzfristig kaum planbaren Witterungsbedingungen, die die antarktische Logistik immer wieder vor große, teils unüberwindbare, Herausforderungen stellt.

Auch wenn eine umfassende Besiedelung kaum zu erwarten ist, ist doch sowohl bei den touristischen Aktivitäten als auch bei den Forschungsbestrebungen zumindest ein gewisser Zuwachs zu erwarten. Während in der Tourismusbranche gestiegene Mobilität im Zuge der Globalisierung dafür verantwortlich sein dürfte, so spielt die Antarktis aufgrund ihrer „Unberührtheit" eine wichtige Rolle bei der Erforschung weltweiter Klimaphänomene. Ein Abschmelzen der antarktischen Eisflächen würde angesichts ihres Anteils an weltweiten Wasservorkommen zudem eine deutliche Erhöhung des Meeresspiegels nach sich ziehen. So erscheint es umso wichtiger, die strengen Umweltauflagen in der Region zu halten, wenn nicht gar auszubauen. Auch eine Begrenzung des Tourismus als Beitrag zum Erhalt der Region wird immer wieder diskutiert.

Langfristig aber dürfte die Frage entscheidend sein, ob es gelingt, den nationalen Interessen an einer kommerziellen Nutzung des „weißen Kontinents" auch bei der nächsten Revision des „Antarctic Treaty" wieder Einhalt zu gebieten zu können. Sollte dies nicht gelingen, so dürften sich mit der Ausbeutung der vermuteten Rohstoffvorkommen umfassende Erweiterungsanforderungen an eine „antarktische Logistik" stellen. Spätestens dann würde klar, dass neben den formulierten Handlungsempfehlungen für eine internationale Logistik auch die Antarktis selbst von steigender, auch kommerzieller Bedeutung für Dienstleister werden könnte.

© Springer Fachmedien Wiesbaden GmbH 2017
F.C. Kleemann, *Logistik in der Antarktis*, essentials,
DOI 10.1007/978-3-658-16070-8_5

Was Sie aus diesem *essential* mitnehmen können

- Auch wenn Logistik für die Antarktis bisher kaum betrachtet wurde, ergeben sich umfassende Besonderheiten. Diese sind im Wesentlichen auf die charakteristischen Umfeldparameter, besonders Lage und Klima, zurückzuführen.
- Die Auswirkungen der exogenen Einflüsse auf die Logistik sind sowohl ressourcenbezogen – wie z. B. besondere Transportmittel – als auch prozessbezogen. Insbesondere die aufwändige, mit hohen Toleranzen agierende Planung ist typisch für die Antarktis.
- Extreme Logistikbereiche können durch eine strukturierte Betrachtung von Rahmenbedingungen, Ressourcen und Management umfassend analysiert werden.
- Ein Blick „ans Ende der Welt" ist auch für Logistiker in Industrienationen lohnenswert. Klare Zielprioritäten, robuste und gleichzeitig flexible Planung, ein überlegtes Risikomanagement und eine echte Kundenorientierung sind mögliche Lerneffekte bei der Betrachtung der antarktischen Logistik.

© Springer Fachmedien Wiesbaden GmbH 2017
F.C. Kleemann, *Logistik in der Antarktis,* essentials,
DOI 10.1007/978-3-658-16070-8

Literatur

Aghamanoukjan, A./Buber, R./Meyer, M. (2009), Qualitative Interviews, in: Buber, R./ Holzmüller, H. (Hrsg.), Qualitative Marktforschung. Konzepte – Methoden – Analysen, 2. Aufl., Wiesbaden, S. 415–436.

American Association of Port Authorities (2013), World Port Ratings, http://aapa.files.cmsplus.com/Statistics/WORLD%20PORT%20RANKINGS%202012.pdf (06.05.2016).

Australian Government, Department of the Environment Australian Antarctic Division (2016), Shipping Schedule, https://secure3.aad.gov.au/public/schedules/voyage.cfm (06.05.2016).

Bartsch, G. M. (2015a), Klimawandel und Sicherheit in der Arktis: Hintergründe, Perspektiven, Strategien, Wiesbaden.

Bartsch, G. M. (2015b), Zukunftsraum Arktis: Klimawandel, Kooperation oder Konfrontation, Wiesbaden.

Bodger, P./Cook, Y. (2015), Reducing Fossil Fuel Consumption: Renewable Energy in Antarctica, in: Liggett, D./Storey, B./Cook, Y./Meduna, V. (Hrsg.), Exploring the Last Continent: An Introduction to Antarctica, Cham, S. 521–583.

Braune, G. (2016), Die Arktis: Porträt einer Weltregion, Berlin.

Buleen, C. (o. J.), Average Temperature of Antarctica, http://traveltips.usatoday.com/average-temperature-antarctica-13726.html (29.04.2016).

Cassano, J. J. (2013), Climate of Extremes, in: Walton, D. W. H (Hrsg.), Antarctica: Global Science from a Frozen Continent, Cambridge, S. 102–160.

Central Intelligence Agency (2016), Factbook: Antarctica, https://www.cia.gov/library/publications/the-world-factbook/geos/ay.html (19.02.2016).

Clancy, R./Manning, J./Brolsma, H. (2014), Mapping Antarctica: A five hundred year record of discovery, Dordrecht.

Cobin, J. (2012), Latest Census and other Updated Statistics for Chile, http://escapeamericanow.info/latest-census-and-other-updated/ (06.05.2016).

Cook, Y./Storey, B. (2015), A Continent Under Ice: The Geological Setting of Antarctica, in: Liggett, D./Storey, B./Cook, Y./Meduna, V. (Hrsg.), Exploring the Last Continent: An Introduction to Antarctica, Cham, S. 9–27.

Cook, Y./Storey, B. (2015), The Question of Mining: Geological Resources in Antarctica, in: Liggett, D./Storey, B./Cook, Y./Meduna, V. (Hrsg.), Exploring the Last Continent: An Introduction to Antarctica, Cham, S. 477–486.

© Springer Fachmedien Wiesbaden GmbH 2017

F.C. Kleemann, *Logistik in der Antarktis,* essentials,
DOI 10.1007/978-3-658-16070-8

Council of Managers of National Antarctic Program (Hrsg.) (2012), Antarctic Facilities, https://www.comnap.aq/Members/Shared%20Documents/Antarctic_Facilities_List_1April2012.xls (06.05.2016).

d'Entremont, M., Ushuaia, http://www.travel-with-pen-and-palate-argentina.com/ushuaia.html (06.05.2016).

Demhardt, I. J. (2016), Aus allen Weltteilen. Die Arktis, Berlin.

Department of State Growth (2013), Tasmania's Antarctic, sub-Antarctic and Southern Ocean sector 2011–2012, Hobart.

Deutsches Umweltbundesamt (2016), Forschung und Logistik im ewigen Eis, http://www.umweltbundesamt.de/themen/nachhaltigkeit-strategien-internationales/antarktis/menschen-in-der-antarktis/forschung-logistik-im-ewigen-eis (06.05.2016).

Diebold, A. (2015), Kreuzfahrten Nordmeer und Arktis, Berlin.

Division of Antarctic Infrastructure and Logistics (2012), US Antarctic Program Interagency Air Operations Manual, Arlington.

Ellram, L. M. (1996), The Use of the Case Study Method in Logistics Research, in: Journal of Business Logistics, Vol. 17, S. 93–138.

Encyclopedia Britannica (2014), Continent, http://www.britannica.com/science/continent (29.04.2016).

Fahrbach, E. (2013), Stormy and icy seas, in: Walton, D. W. H (Hrsg.), Antarctica: Global Science from a Frozen Continent, Cambridge, S. 137–160.

Fowler, A. N. (1988), Antarctic Logistics, in: Oceanus, Vol. 31, S. 80–86.

Gilbert, N. (2015), A Continent for Peace and Science: Governance in Antarctica, in: Liggett, D./Storey, B./Cook, Y./Meduna, V. (Hrsg.), Exploring the Last Continent: An Introduction to Antarctica, Cham, S. 327–359.

Gründel, N. (2005): Dänemark gegen Kanada: Streit um Hans, http://www.spiegel.de/netzwelt/web/daenemark-gegen-kanada-streit-um-hans-a-367361.html (02.09.2016).

Hamill, M. (2012), Climbing the seven summits. A comprehensive guide to the continents' highest peaks, Seattle.

Hanell, E. (2014), Conference on Sustainable Arctic Shipping and Marine Operations: Stena Bulk, London.

Hansom, J. D./Gordon, J. (2014), Antarctic Environments and Resources: A Geographical Perspective, Abingdon.

Haftendorn, H. (2012), Der Traum vom Ressourcenreichtum der Arktis, in: Zeitschrift für Außen- und Sicherheitspolitik, S. 445–461.

Hemmings, A. D. (2015), Commercial Harvest in Antarctica: Exploitation of Antarctic Marine Living Resources, in: Liggett, D./Storey, B./Cook, Y./Meduna, V. (Hrsg.), Exploring the Last Continent: An Introduction to Antarctica, Cham, S. 413–428.

International Association Antarctica Tour Operators (2016), Tourism Statistics, http://iaato.org/de/tourism-statistics (06.05.2016).

Kohlberg, E./Jannek, J. (2007), Georg von Neumayer Station (GvN) and Neumayer Station II (NM-II): German Research Stations on Ekström Ice Shelf, Antarctica, in: Polarforschung, Vol. 76, S. 47–57.

Kumar Purohit, P. (2006), Antarctica: Where the Silence Speaks, Bhopal.

Leane, E. (2016), South Pole: Nature and Culture, London.

Liggett, D. (2015), Destination Icy Wilderness: Tourism in Antarctica, in: Liggett, D./Storey, B./Cook, Y./Meduna, V. (Hrsg.), Exploring the Last Continent: An Introduction to Antarctica, Cham, S. 379–397.

Liggett, D./Storey, B./Cook, Y. (2015), Exploring the Last Continent, in: Liggett, D./Storey, B./Cook, Y./Meduna, V. (Hrsg.), Exploring the Last Continent: An Introduction to Antarctica, Cham, S. 1–6.

Masson-Delmotte, V. (2013), Ice with everything, in: Walton, D. W. H (Hrsg.), Antarctica: Global Science from a Frozen Continent, Cambridge, S. 67–101.

National Research Council (Hrsg.) (1962), Symposium on Antarctic Logistics, Boulder.

Nixdorf, U./Kohlberg, E./Mengedoht, D./Brey, T./Steinhage, D. (2014), Expedition Program Antarctica: Stations and Fligh Missions, Bremerhaven.

o. V. (2005), File: Antarctica Karte.png, https://commons.wikimedia.org/wiki/File:Antarctica_Karte.png (16.05.2016).

o. V. (2016), Port of Cape Town, https://en.wikipedia.org/wiki/Port_of_Cape_Town (06.05.2016).

Owens, I./Zawar-Reza, P. (2015), Weather and Climate: Antarctica's Role in the Global Atmospheric System, in: Liggett, D./Storey, B./Cook, Y./Meduna, V. (Hrsg.), Exploring the Last Continent: An Introduction to Antarctica, Cham, S. 91–114.

Rack, U. (2015), Polar Expeditions: Historical and Social Aspects of Antarctic Exploration, in: Liggett, D./Storey, B./Cook, Y./Meduna, V. (Hrsg.), Exploring the Last Continent: An Introduction to Antarctica, Cham, S. 307–325.

Riffenburgh, B. (2007), Encyclopedia of the Antarctic, New York.

Rothwell, D. R. (2012), Law Enforcement in Antarctica, in: Hemmings, A. D./Rothwell, D. R./Scott, K. N. (Hrsg.), Antarctic Security in the Twenty-First Century: Legal and Policy Perspectives, London, S. 135–153.

Rubin, J. (2008), Antarctica, 4. Aufl., Footscray.

Scott, K. N. (2015), Ice and Mineral Resources: Regulatory Challenges of Commercial Exploitation, in: Liggett, D./Storey, B./Cook, Y./Meduna, V. (Hrsg.), Exploring the Last Continent: An Introduction to Antarctica, Cham, S. 487–504.

SeaRates.com (Hrsg.) (2016), Port of Ushuaia (Argentina), https://www.searates.com/port/ushuaia_ar.htm (06.05.2016).

Secretariat of the Antarctic Treaty (Hrsg.) (2016), About Us, http://www.ats.aq/e/about.htm.

Secretariat of the Antarctic Treaty (Hrsg.) (2016), The Antarctic Treaty, http://www.ats.aq/e/ats.htm (30.04.2016).

Sharma, S. S. (2001), Breaking the Ice in Antarctica, Neu Delhi.

Sinclair, K. E. (2015), An Ice-Bound Continent: Antarctica's Cryosphere and Hydrological Systems, in: Liggett, D./Storey, B./Cook, Y./Meduna, V. (Hrsg.), Exploring the Last Continent: An Introduction to Antarctica, Cham, S. 67–89.

Stebbins, Robert A. (2001), Exploratory research in the social sciences, Thousand Oaks.

Steel, G. D. (2015), Extreme and Unusual: Psychology in Antarctica, in: Liggett, D./Storey, B./Cook, Y./Meduna, V. (Hrsg.), Exploring the Last Continent: An Introduction to Antarctica, Cham, S. 361–378.

Storey, B./Cook, Y. (2015), A Long Journey South: Unravelling Antarctica's Geological History, in: Liggett, D./Storey, B./Cook, Y./Meduna, V. (Hrsg.), Exploring the Last Continent: An Introduction to Antarctica, Cham, S. 29–49.

Tandler, S. M. (2013), Supply Chain Safety Management. Konzeption und Gestaltungsempfehlungen für lean-agile Supply Chains, Wiesbaden.

Tin, T./Lamers, M./Liggett, D./Maher, P. T./Hughes, K. A. (2014), Setting the Scene: Human Acitivities, Environmental Impacts, and Governance Arrangements in Antarctica, in: Tin, T./Liggett, D./Maher, P. T./Lamers, M. (Hrsg.), Antarctic Futures, Dordrecht, S. 1–26.

Verbitsky, J. (2012), Titanic, Part II? Tourism, Uncertainty, and Insecurity in Antarctica, in: Brady, A. -M (Hrsg.), The Emerging Politics of Antarctica, London, S. 220–241.

Véronneau, S./Roy, J. (2009), Global service supply chains: An empirical study of current practices and challenges of a cruise line corporation, in: Tourism Management, Vol. 30, S. 128–139.

Visser, S./Strickland, A. (2016), Risky medical flight from South Pole arrives in Chile, http://edition.cnn.com/2016/06/21/health/south-pole-medical-evacuation

Walther, C. (2010), Antarktis, 7. Aufl., Welver.

Walton, D. W. H (2013), Discovering the Unknown Continent, in: Walton, D. W. H (Hrsg.), Antarctica: Global Science from a Frozen Continent, Cambridge, S. 1–34.

Ward, P. (2016), Antarctica Travel Guide: How much does it cost?, http://www.coolantarctica.com/Travel/antarctica_travel_home.php.

Wicks, L. (2015), Boeing 757 Lands At Union Glacier: First Boeing 757 Airliner Landing on Blue-Ice Runway in Antarctica, http://www.adventure-network.com/news/boeing-757-lands-union-glacier (29.04.2016).